O AMOR EXTRAORDINÁRIO NO TEA
HISTÓRIAS DE FAMÍLIAS E PROFISSIONAIS
NA AMAZÔNIA QUE SUPERARAM A SI MESMOS

Editora Appris Ltda.
1.ª Edição - Copyright© 2023 das autoras
Direitos de Edição Reservados à Editora Appris Ltda.

Nenhuma parte desta obra poderá ser utilizada indevidamente, sem estar de acordo com a Lei nº 9.610/98. Se incorreções forem encontradas, serão de exclusiva responsabilidade de seus organizadores. Foi realizado o Depósito Legal na Fundação Biblioteca Nacional, de acordo com as Leis nos 10.994, de 14/12/2004, e 12.192, de 14/01/2010.

Catalogação na Fonte
Elaborado por: Josefina A. S. Guedes
Bibliotecária CRB 9/870

M386a 2023	Martins, Carla Andrea O amor extraordinário no TEA: histórias de famílias e profissionais na Amazônia que superaram a si mesmos / Carla Andrea Martins, Denise Teperine Dias Barroso, Maria do Socorro de Jesus dos Santos. – 1. ed. – Curitiba : Appris, 2023. 140 p. ; 23 cm. Inclui referências ISBN 978-65-250-4385-2 1. Autismo. 2. Família. 3. Superação. I. Denise Teperine Dias Barroso, Maria do Socorro de Jesus dos Santos Título. CDD – 510

Editora e Livraria Appris Ltda.
Av. Manoel Ribas, 2265 – Mercês
Curitiba/PR – CEP: 80810-002
Tel. (41) 3156 - 4731
www.editoraappris.com.br

Printed in Brazil
Impresso no Brasil

Carla Andrea Martins
Denise Teperine Dias Barroso
Maria do Socorro de Jesus dos Santos

O AMOR EXTRAORDINÁRIO NO TEA

HISTÓRIAS DE FAMÍLIAS E PROFISSIONAIS
NA AMAZÔNIA QUE SUPERARAM A SI MESMOS

FICHA TÉCNICA

EDITORIAL	Augusto Coelho
	Sara C. de Andrade Coelho
COMITÊ EDITORIAL	Marli Caetano
	Andréa Barbosa Gouveia - UFPR
	Edmeire C. Pereira - UFPR
	Iraneide da Silva - UFC
	Jacques de Lima Ferreira - UP
SUPERVISOR DA PRODUÇÃO	Renata Cristina Lopes Miccelli
ASSESSORIA EDITORIAL	Priscila Oliveira da Luz
REVISÃO	Camila Dias Manoel
PRODUÇÃO EDITORIAL	William Rodrigues
DIAGRAMAÇÃO	Jhonny Alves dos Reis
CAPA	Sheila Alves

Dedicado às pessoas que souberam enfrentar seus momentos difíceis com resiliência, aprendendo a superá-los e respondendo de forma positiva e construtiva aos seus maiores desafios – acreditando que, com perseverança e coragem, é possível vencer qualquer obstáculo.

AGRADECIMENTOS

A Deus, por ter nos dado a oportunidade de escrever este livro com a finalidade de esclarecer, de alguma maneira, a pessoa com autismo e outras deficiências. Para que mais pessoas sejam alcançadas ao compreenderem a importância de um diagnóstico precoce, pois 0 a 3 anos é o auge da neuroplasticidade do cérebro, ou seja, o período em que o cérebro consegue aprender mais coisas. Com isso, evita-se que crianças enfrentem anos de luta, deixando-as trancadas em si mesmas.

A todos da sociedade global que entendem que pessoas com autismo são iguais a qualquer outra pessoa, merecem respeito e oportunidades iguais, sabendo que podemos construir uma sociedade mais inclusiva e acolhedora para todos.

Agradecemos às famílias que compartilharam suas histórias para que outras famílias se sentissem acolhidas e compreendidas. Aos profissionais da área da educação que tornaram sua profissão uma missão para que crianças e adolescentes autistas se sentissem mais confortáveis e incluídos.

A todas as crianças e a todos os adolescentes autistas que foram mencionados neste livro, que tiveram o apoio de seus familiares, seus amigos e profissionais para que alcançassem seu máximo potencial.

Ao nosso patrocinador, Sr. Nuno Álvares Santos Silva, que prontamente disse "sim" para esta publicação, pois acredita que juntos poderemos ir mais longe e que, com todos sendo educados sobre o autismo, dar-se-á mais ênfase ao que uma criança pode fazer, em vez de ao que não pode.

O amor é paciente, o amor é bondoso.

Não inveja, não se vangloria, não se orgulha.
Não maltrata, não procura seus interesses,

não se ira facilmente, não guarda rancor.
O amor não se alegra com a injustiça,

mas se alegra com a verdade.
Tudo sofre, tudo crê, tudo espera, tudo suporta.
(I Coríntios, 13, 4-7)

APRESENTAÇÃO

Nossa Universidade atual forma, pelo mundo afora, uma proporção demasiado grande de especialistas em disciplinas predeterminadas, portanto artificialmente delimitadas, enquanto uma grande parte das atividades sociais, como o próprio desenvolvimento da ciência, exige homens capazes de um ângulo de visão muito mais amplo e, ao mesmo tempo, de um enfoque dos problemas em profundidade, além de novos progressos que transgridam as fronteiras históricas das disciplinas.

(Lichnerowicz)[1]

É impossível aprender quando existe o retalhamento da compreensão do que é complexo em todos os sentidos da vida. Deixar de lado os problemas que são essenciais, e estes nunca são parceláveis, leva-nos à condição de ver o lado humano somente na razão fragmentada, e não naquilo que é tecido junto, isto é, a complexidade do que é realmente essencial. Como dizia Hayek[2]: "Ninguém pode ser um grande economista se for somente um economista.' Chegava até a acrescentar que 'um economista que só *é* economista torna-se prejudicial e pode constituir um verdadeiro perigo'".

Este livro retratará a vida de famílias e profissionais que não imaginavam poder realizar certas coisas até que elas surgissem e literalmente os virassem de cabeça para baixo. Descobriram por si mesmos o potencial que tinham, até então desconhecido diante de suas limitações. Limitações essas que, de uma maneira ou de outra, teriam de ser superadas pelas circunstâncias que chegaram, e que não tinham hora para terminar. Pais, mães e profissionais que reconheceram em si mesmos o poder de amar além da razão. O poder de amar que transformou cada dia em luta e desafios a serem superados.

Com isso, decidimos contar aqui histórias de famílias e profissionais do Amazonas que, com sua dedicação, puderam tornar a vida de pessoas com Transtorno do Espectro Autista (TEA) um pouco melhor, na condição de acreditar que sim, é possível, em meio a dor e sofrimento, continuar a lutar em busca de meios que, por mais escassos que sejam, possibilitem àqueles que amam estar inseridos da melhor maneira em nosso convívio e na sociedade.

---

[1] André Lichnerowicz foi um geômetra diferencial e físico matemático francês de ascendência polonesa. Recebeu o doutoramento *Honoris Causa* da Universidade de Coimbra em 1984.

[2] Friedrich August von Hayek foi um economista e filósofo austríaco, posteriormente naturalizado britânico. É considerado um dos maiores representantes da Escola Austríaca de pensamento econômico.

Histórias essas que despertarão em nós o mais puro sentimento de amor, compaixão, dedicação e propósito; exemplos de pais, mães e profissionais que chegaram ao extremo da condição física e psíquica para garantir que o(a) filho (a) ou aluno(a) pudessem, nem que por um instante, sentir-se acolhidos e compreendidos, sem preconceito ou discriminação.

Filhos e alunos que lhes foram dados com o propósito de não serem fardos a carregar, mas para ensinar-lhes que a vida só vale a pena quando traz o sentimento de dever cumprido, em que o amor prevalece e passa a ser compreendido; sendo assim, colocando a vida humana exatamente no lugar onde ela deva estar. E, com todos os percalços que a vida traz, essas famílias e esses profissionais reagiram a cada desafio, a cada "não" recebido, a cada olhar discriminatório por parte daqueles que ainda não entenderam que essa luta deveria ser de todos.

As autoras

PREFÁCIO

O diagnóstico de autismo pode ser assustador e alterar a vida. Os médicos muito frequentemente dizem aos pais todas as coisas que seus filhos nunca serão capazes de fazer. Mas esta obra contém histórias de pais e profissionais que se recusaram a ouvir aqueles que fizeram previsões tão terríveis.

Ao ler estes relatos sinceros, fiquei comovido com a recusa desses pais em desistir de seus filhos, mesmo quando isso lhes custou o casamento, impactou os irmãos, tornou o emprego desafiador ou os exauriu. Esses pais procuraram profissionais e professores e escolas até encontrarem de que seu filho precisava, e seus filhos superaram as expectativas.

Como pai de um jovem com a síndrome CHARGE (uma condição também descrita neste livro) e psicólogo escolar profissional, relacionei-me fortemente com todos esses relatos, aplaudindo os profissionais que se esforçaram para apoiar a vida e as necessidades da criança com autismo e os pais que nunca desistiram.

Qualquer um que ler este livro sairá inspirado por esses relatos.

Não é que as crianças com autismo dessas histórias se tornem "normais", mas, como o jovem do último capítulo descreve sua experiência como uma pessoa com autismo, todos temos diferenças.

De certa forma, somos todos anormais, mas alguns lutam mais do que outros.

Minha esperança é de que esta obra inspire mudanças na forma como as pessoas com autismo são tratadas e apoiadas na escola e no local de trabalho, e que programas como o Mãos Unidas Pelo Autismo (Mupa) em Manaus sejam desenvolvidos em todo o Brasil.

Quando os pais recebem esperança e orientação, eles podem perseverar na luta para ajudar seus filhos a alcançar muito mais do que jamais foi previsto e, em muitos casos, descobrir que eles também alcançaram mais do que esperavam como pais e humanos.

Timothy S. Hartshorne
Ph.D. Professor emérito de Psicologia da Universidade Central de Michigan
Tradução de Laura Lebre Monteiro Anccilotto, educadora especial

SUMÁRIO

1

MUNDO DIFÍCIL DE DECIFRAR 17

2

O LADO DO AUTISMO QUE NINGUÉM VÊ! O LADO DE DENTRO! 25

3

HISTÓRIAS: A REALIDADE VIVIDA POR CADA FAMÍLIA E PROFISSIONAIS QUE NÃO PERMITIRAM QUE SUAS LIMITAÇÕES OS IMPEDISSEM DE SEGUIR 31

3.1 Uma vida com propósito!. 34

3.2 Uma mãe que lutou e luta pela superação de seu filho 42

3.3 Acreditei que era possível 51

3.4 Desistir nunca foi uma opção! 53

3.5 O amor suporta todas as coisas! 55

3.6 Quando a profissão se torna um ato de amor 59

3.7 Fazer o bem sem olhar a quem! 61

3.8 Meu filho é autista: e agora? 62

3.9 Quando Deus sabe que você precisa de ajuda. 72

3.10 Ajuda de que precisava em momentos de aflição 74

3.11 Vivendo um dia de cada vez… Comemorando as pequenas vitórias. 75

3.12 Como é ser irmã de dois autistas? 84

3.13 Incluir nem sempre é fácil! Da aceitação à luta pela inclusão 89

3.14 Deus sabe a intenção de cada coração 101

3.15 Adoção de uma criança autista 104

3.16 Sam Beldie: ter autismo é como carregar um rótulo. 106

4

DIREITOS DAS CRIANÇAS COM DEFICIÊNCIA 109

4.1 Convenção sobre os Direitos das Pessoas com Deficiência 109

4.2 Lei de Diretrizes e Bases da Educação Nacional 124

4.3 Resolução da Educação Especial do Município de Manaus 125

5

CONCLUSÃO 139

1

MUNDO DIFÍCIL DE DECIFRAR

Temos que ver cada criança como um indivíduo.
Para ajudar-lhes temos que entender todas as suas
habilidades particulares, dificuldades, condutas e emoções.
(Lorna Wing)[3]

Medo. Incertezas. Olhares discriminatórios. Resistências. São esses sentimentos e situações que famílias enfrentam ao cuidar de uma criança com Transtorno do Espectro Autista (TEA). Esses sentimentos se estruturam ainda mais por vivermos em uma sociedade com padrões preestabelecidos, onde qualquer um que estiver fora deles será excluído. São esses paradigmas que famílias e profissionais na área de Educação lutam para quebrar.

Afinal, quem não quer se inserir em uma sociedade cuja meta principal seria oferecer oportunidades iguais para todos realizarem seu potencial humano? Ter suas limitações reconhecidas por políticas públicas que lhe ofereçam condições de ser normal dentro de suas normalidades? Todo cidadão em uma sociedade tem direito de reivindicar para si condições que lhe garantam certa dignidade. Chega a parecer estranho hoje termos de lutar por algo que já deveria ser sabido ou compreendido por todos.

Assim, este capítulo dedicamos a pessoas que de alguma maneira tenham despertado o interesse em conhecer mais sobre o assunto depois de vivenciar o dia a dia de famílias que incansavelmente trabalham para que o(a) filho(a) seja inserido de maneira digna no convívio com outras crianças.

E, para surpresa de muitas pessoas, o autismo não é algo novo, incomum, que surgiu em nosso meio há pouco tempo. No ano de 1943, o psiquiatra austríaco Leo Kanner[4] já investigava o comportamento de crianças por respostas incomuns dadas por elas ao ambiente; dessa forma, cunhando

---

[3] Responsável pela ideia de espectro do autismo. É considerada uma das pioneiras nos estudos do autismo, uma das principais figuras do ativismo no Reino Unido e, sobretudo, uma figura central na história do diagnóstico. Disponível em: https://autismoerealidade.org.br/2019/11/27/quatro-medicos-que-mudaram-a-visao-do-mundo-sobre-autismo/; https://www.introvertendo.com.br/podcast/introvertendo-151-lorna-wing/. Acesso em: 03 fev. 2023.

[4] Disponível em: https://educacaopublica.cecierj.edu.br/artigos/14/40/autismo. Acesso em: 03 fev. 2023.

o nome "distúrbio autístico do contato afetivo" como a origem das dificuldades apresentadas. Este se tornou um dos desvios comportamentais mais estudados, debatidos e disputados, com o que se identificou a diferença entre comportamento esquizofrênico e autismo.

O termo "autismo" vem do grego *autós*, que significa "si mesmo", e foi citado pela primeira vez pelo psiquiatra Plouller[5], em 1906, ao analisar processos de pensamentos em crianças diagnosticadas com demência infantil. Mas só se disseminou em 1911, quando o psiquiatra suíço Eugene Bleuler apontou o comportamento como um dos sintomas fundamentais da esquizofrenia. Anos mais tarde, o psiquiatra e pesquisador Hans Asperger e o psiquiatra Leo Kanner, ambos austríacos, começaram a estudar a síndrome. Em 1943, Kanner, radicalizado nos Estados Unidos, publicou a obra *Distúrbios autísticos do contato afetivo*[6], em que, analisando alguns casos, descreveu comportamentos de crianças autistas dos 2 anos aos 8 anos e relatou a solidão e a incapacidade dessas crianças em se relacionar com pessoas e situações; elas apresentavam: embaraços para se relacionar, optando pelo extremo isolamento; resistência a mudanças; movimentos estereotipados; e falha no uso da linguagem para a comunicação.

Em 1944, Hans Asperger[7], com interesse em educação especial, descreveu o caso de quatro crianças que apresentavam dificuldade em interação social, nomeando-as como "Asperger", com condição de "psicopatia autística", sugerindo um transtorno estável de personalidade caracterizado pelo isolamento social. Elas apresentavam como quadro central a dificuldade em relacionar-se. No entanto, a interpretação que o psiquiatra propôs a essa questão foi que isso se daria em decorrência do alto nível de originalidade nos pensamentos e atitudes das crianças. Para Socorro Santos[8], mãe de autista e pesquisadora, o Asperger contrapõe-se ao autismo por não apresentar nenhuma dificuldade na área da comunicação, e atualmente se fala que o Asperger está dentro do espectro autístico, porém não apresenta anormalidade, isto é, os transtornos do desenvolvimento demonstram maior prejuízo que na comunicação e na parte cognitivo.

---

[5]   Disponível em: https://portal.fiocruz.br/noticia/transtorno-do-espectro-autista-e-analisado-sob-o-ponto-de-vista-de-cuidadores#. Acesso em: 03 fev. 2023.

[6]   Disponível em: https://www.teses.usp.br/teses/disponiveis/47/47133/tde-26102018-191739/publico/mas_me.pdf. Acesso em: 03 fev. 2023.

[7]   Disponível em: https://www.teses.usp.br/teses/disponiveis/47/47133/tde-26102018-191739/publico/mas_me.pdf. Acesso em: 03 fev. 2023.

[8]   SOCORRO SANTOS. Aprendizagem e interação social de autista no cotidiano escolar. **Educação Especial na Amazônia**, p. 16, 2017. Instagram: @mariadosocorro301.

Com a evolução das pesquisas científicas, então, concluiu-se que o autismo não é um distúrbio do contato afetivo, mas sim um distúrbio do desenvolvimento.

O neurologista Oliver Sacks[9] afirma que muitos autistas nascidos nos anos 40 ou no início dos 50 não foram diagnosticados como autistas quando crianças, sendo agrupados indiscriminadamente como "retardados" e "psicóticos" e colocados em instituições desde a juventude, e somente nas últimas duas décadas o quadro se modificou decisivamente. Sem um ensino especial esses jovens autistas, apesar de sua boa inteligência e formação, permanecerão incapazes e isolados. Sacks aponta ainda as possíveis "causas" do autismo, que em sua maioria possui base genética, e conclui que a história do autismo tem sido em parte uma busca desesperada e uma promoção de "avanços" de todo tipo. Em seu livro *Um antropólogo em Marte*, ele afirma:

> [...] o autismo como tema toca nas mais profundas questões de ontologia, pois envolve um desvio radical no desenvolvimento do cérebro e da mente. Nossa compreensão está avançando de maneira provocadoramente vagarosa. O entendimento final do autismo pode exigir tanto avanços técnicos como conceituais para além de tudo com o que hoje podemos sonhar.

Até a década de 1980, o autismo era considerado um distúrbio adquirido por influência do ambiente. E atualmente sabemos que as mutações genéticas realmente estão ligadas ao surgimento do TEA. Ocorrem devido a alguma falha no processo do desenvolvimento cerebral, ainda no início do desenvolvimento fetal. Isso é causado por defeitos nos genes que controlam o crescimento do cérebro e que regulam a forma como os neurônios se comunicam entre si.

A questão da hereditariedade e da genética é esclarecida pelos pesquisadores: o autismo pode surgir devido à genética, mas nem sempre é hereditário. Ou seja, o fato de ser genético não quer dizer que o autismo é passado pelos pais em todos os casos. O que se deve compreender é que a causa do TEA é uma condição multifatorial com combinação de variantes genéticas raras e comuns que podem ou não ser herdadas.

---

[9] SACKS, Oliver. **Um antropólogo em Marte**: sete histórias paradoxais. 1995. É um livro escrito em 1995 pelo neurologista anglo-americano Oliver Sacks, baseado em sete estudos de caso do autor sobre indivíduos com condições neurológicas consideradas paradoxais para com suas atividades, e como essas condições podem levar a um estado de desenvolvimento pessoal e/ou profissional. Nascido em Londres, em 1933, Sacks é neurologista e professor de neurologia clínica do Albert Einstein College of Medicine, em Nova York. Escreveu *Enxaqueca* (1970); *Despertando* (1974; transformado em filme em 1990, com Robert de Niro e Robin Williams no papel do autor); e *O homem que confundiu sua mulher com um chapéu* (1986), entre outros.

Sendo um transtorno do neurodesenvolvimento, ao contrário do que as pessoas imaginam, autismo não é uma doença, mas uma condição inata.

Segundo especialistas, o autismo é mais comum do que podemos imaginar. A cada 30 crianças que nascem hoje, 1 é autista. Estudos recentes declaram que 97% a 99% daqueles pacientes que foram diagnosticados com autismo tinham uma base genética sob forte influência de fatores ambientais, principalmente intrauterinos, que conferem características específicas para cada criança diagnosticada[10].

Não há uma resposta definitiva, mas já se sabe que a genética exerce um forte papel na etiologia do autismo. Cada criança autista é única; do mesmo modo, as causas que levam a essa desordem neurológica também são únicas, podendo haver uma ou várias causas para o autismo.

No livro *Outra sintonia: a história do autismo*[11], escrito por dois jornalistas, John Donvan e Caren Zucker, pode-se entender de forma detalhada a extraordinária contribuição de Lorna Wing na construção da noção de espectro e seus efeitos decisivos na forma de descrever o transtorno do espectro autista.

Foi na década de 1950 que Wing viveu uma mudança significativa em seu trabalho. E isso tinha tudo a ver com o nascimento, em 1956, de sua primeira filha, Susie, fruto de seu casamento com o também psiquiatra John Wing. A menina foi diagnosticada como autista. O autismo da filha dos Wing era grave, e Lorna empenhou-se em sua formação tanto para ajudá-la como para dar assistência a outras famílias. Segundo os jornalistas, Lorna não deixava explícita sua íntima relação com o autismo porque a comunidade médica duvidava de sua capacidade de fazer ciência de maneira objetiva, quando tinha acesso a essa informação.

Mas Lorna era conhecida como uma mulher incansável. Foi uma das fundadoras da National Autistic Society, a mais importante associação de autismo do Reino Unido até hoje. Em seu trabalho diário como psiquiatra, conheceu uma jovem chamada Judith Gould, e juntas criaram uma duradoura parceria na pesquisa acadêmica. E foi por isso que ela publicou em 1970[12] um guia para pais identificarem os sinais de autismo em seus filhos, algo que Bernard Rimland tinha feito de forma parecida tempos antes.

---

[10] Disponível em: https://tismoo.us/destaques/pesquisa-confirma-que-autismo-e-quase-totalmente-genetico-81-e-hereditario/. Acesso em: 03 fev. 2023.

[11] DONVAN, John; ZUCKER, Caren. **Outra sintonia**: a história do autismo. Tradução de Luiz A. de Araújo. São Paulo: Companhia das Letras, 2017. Título original: In a different key: the story of autism.

[12] Disponível em: https://www.introvertendo.com.br/podcast/introvertendo-151-lorna-wing/. Acesso em: 03 fev. 2023.

Embora se considere que o autismo é incurável, a médica Martha Herbert[13], Ph.D. neurologista pediátrica, pesquisadora na Faculdade de Medicina de Harvard e autora de *The autism revolution* (A revolução do autismo), também documenta casos de crianças cujo transtorno lhes mudou completamente a vida com os avanços conquistados. "Durante décadas, a maioria dos médicos dizia aos pais que o autismo era um problema genético no cérebro dos filhos", escreve ela, "e que deviam se acostumar com a ideia de que os problemas dos seus bebês estariam presentes pelo resto da vida". Mas a pesquisadora demonstra que o autismo muitas vezes é um processo dinâmico. Não é apenas genético, não é apenas um problema cerebral, não é causado por um único motivo, nem sempre está fora do alcance de qualquer tentativa de ajuda, especialmente se a terapia é iniciada quando a criança é muito pequena.

O *Manual diagnóstico e estatístico de transtornos mentais* (DSM)[14], em sua quinta e mais recente edição, traz uma nova classificação de níveis de autismo, bem como critérios de identificação. No DSM-4 o autismo era caracterizado pela tríade:

- ○ Dificuldade na comunicação;
- ○ Dificuldade na interação social;
- ○ Alterações no comportamento.

Atualmente, no DSM-5, além de englobar os transtornos e síndromes como Asperger, Rett e Transtorno Global do Desenvolvimento (TGD) no transtorno do espectro do autismo, definiu uma díade para caracterização do TEA:

- ○ Déficits na comunicação e interação social;
- ○ Padrões restritos e repetitivos de comportamento;
- ○ Compartilhamento reduzido, dificuldade em manter um diálogo, dificuldade para iniciar ou corresponder a interações sociais;
- ○ Baixo contato visual e linguagem corporal, ausência de expressões faciais e comunicação não verbal;

---

[13] DOIDGE, Norman. **O cérebro que cura**: como a neuroplasticidade pode revolucionar o tratamento de lesões e doenças cerebrais. Tradução de Clóvis Marques. Rio de Janeiro: Record, 2016. Psiquiatra, psicanalista e um grande nome da psiquiatria mundial, assim como seus respectivos estudos. Estudando profundamente os desenvolvimentos da neurociência, ele se tornou um dos ícones da área. Site: http://www.normandoidge.com/.

[14] Disponível em: http://www.institutopebioetica.com.br/documentos/manual-diagnostico-e-estatistico-de--transtornos-mentais-dsm-5.pdf. Acesso em: 03 fev. 2023.

- Dificuldade em manter ou desenvolver relacionamentos, dificuldade em adequar o comportamento de maneira socialmente aceitável, imaginação pobre ou ausente e falta de interesse por pares.
- Movimentos motores ou fala repetitivos;
- Insistência em um determinado tema;
- Adesão inflexível a rotinas ou padrões ritualizados de comportamento;
- Interesses fixos de intensidade ou foco atípicos;
- Muito ou pouco reativo a estímulos sensoriais.

Considerando os novos padrões de caracterização do TEA no DSM-5, sua classificação atual dá-se em três graus:

- Nível 1 (leve)

– Não demonstra interesse em se relacionar ou apresenta dificuldade na interação social;
– Geralmente apresenta inflexibilidade relacionada a rotinas;
– Apresenta problemas de planejamento e organização, tornando o indivíduo pouco autônomo.
– Apresenta necessidade de apoio em parte de suas atividades.

- Nível 2 (moderado)

– Déficit aparente na comunicação (verbal e não verbal);
– Baixa interação social e busca por terceiros;
– Geralmente apresenta dificuldade em mudança de rotina;
– Apresentam necessidade de apoio substancial.

- Nível 3 (severo)

– Alta dificuldade na comunicação (verbal e não verbal);
– Ausência de interação social;
– Maior rigidez na rotina;
– Apresenta comportamentos repetitivos e interesses restritos que afetam diretamente seu convívio social;

– Baixa autonomia;

– Necessita de apoio muito substancial.

Por sua vez, o DMS-5 propõe-se a servir como um guia prático, funcional e flexível para organizar informações que podem auxiliar no diagnóstico preciso e no tratamento de transtornos mentais. A busca por uma linguagem comum entre clínicos e pesquisadores de diferentes orientações — biológica, psicodinâmica, cognitiva, comportamental, interpessoal, familiar (sistêmica) — segue orientando o objetivo de comunicar as principais características dos transtornos mentais, mas, desta vez, também se propõe de maneira *pocket*, breve, simples e ampla, porque transcende o profissional da medicina ou da saúde mental[15].

Em um mundo difícil de decifrar, muitos pais, mães e profissionais se deparam com uma linha divisória entre mundos diferentes e buscam entre esses mundos a compreensão que melhor se adapte o modo particular com que vive o autista. Alguns com extrema hipersensibilidade no paladar, outros com sensibilidade extrema para lidar com o barulho, e para outros um simples toque pode causar constrangimentos. Contudo, cada um é diferente em sua individualidade e particularidade, e o fato de conhecermos melhor essa realidade autística nos leva a lutar e reconhecer o esforço na busca de melhorias de famílias e profissionais para suas crianças.

---

[15] Disponível em: https://www.teses.usp.br/teses/disponiveis/47/47133/tde-26102018-191739/publico/mas_me.pdf.

2

O LADO DO AUTISMO QUE NINGUÉM VÊ! O LADO DE DENTRO!

Então, o que devemos saber sobre as pessoas com autismo[16]?

Não são iguais. O que existe é uma dificuldade no relacionamento social e os interesses restritos específicos desde o início da vida, mas isso não significa que um autista não tenha amigos.

Não são insensíveis. Apenas expressam seus sentimentos de uma forma diferente.

Não têm necessariamente deficiência intelectual. Por isso, não se pode estereotipar todos os autistas assim.

Não estão em um mundo à parte. A diferença entre aqueles que têm ou não autismo é que as interações entre esses mundos pode não ser tão óbvia assim; por isso, observá-los é a maneira ideal para uma boa comunicação.

Fazem movimentos diferentes. O que é chamado de estereotipias motoras, ou seja, movimentos repetitivos, como balançar o tronco, chacoalhar as mãos, servem para a autorregulação, principalmente quando não consegue se expressar de maneira apropriada.

Podem repetir sons. Consiste na repetição de frases em diferentes contextos, o que se chama ecolalia.

Não é qualquer barulho que atrapalha. Eles sentem o mundo de maneira diferente, o que se chama de atipicidade sensorial; por isso, não faz sentido afirmar que eles não gostam de barulhos, necessariamente. Cada pessoa tem sensibilidades específicas.

Nem sempre são diagnosticados. É possível que uma pessoa adulta tenha autismo e não saiba, já que o espectro abrange formas do autismo com sintomas mais brandos. O transtorno do espectro autista tem "espectro" no nome justamente porque há uma grande variação que as pessoas vivenciam. Por esse motivo, há quem descubra que faz parte dessa estatística apenas na vida adulta. No entanto, o diagnóstico precoce é importante para que haja as intervenções necessárias.

---

[16] Disponível em: https://educadiversidade.unesp.br/guia-de-orientacoes-sobre-transtorno-do-espectro-autista/.

O pior do autismo Nível 1 é que as dificuldades parecem invisíveis, e muitas vezes, para não dizer todas, os julgamentos são equivocados. Por mais que um autista se esforce, a falta de compreensão do outro traz muitos prejuízos, em casa, no trabalho, na escola e na sociedade. Devido a isso, muitos autistas desenvolvem quadros de ansiedade e depressão. Sendo assim, a qualidade de vida do autista também depende da qualidade do ambiente em que ele vive.

Devemos, com isso, conhecer algumas características do autismo[17], quais sejam:

Sensibilidade sensorial. Trata-se de distúrbios biológicos que afetam a capacidade do cérebro em entender os estímulos sensoriais. Nosso sistema sensorial tem basicamente a função de: receber os estímulos presentes do ambiente por meio dos nossos sentidos e levá-los até o cérebro para que voltem para o ambiente em forma de comportamento e aprendizagem.

Em pessoas com transtorno do espectro autista, há prejuízo no processamento desses sentidos, fazendo com que a resposta aos estímulos seja reduzida (hipo) ou excessiva (hiper), podendo haver vários tipos de alterações sensoriais na mesma pessoa durante a vida.

De que forma pode aparecer: sensibilidade aos sons altos; dificuldades com as habilidades motoras, com texturas e toques; andar nas pontas dos pés; sensações de cheiros, sabores, luzes, cores, e tudo mais que o corpo humano é capaz de sentir. O excesso de estímulos deixa-os sobrecarregados e irritados.

Hiperfoco. É um interesse intenso por determinado assunto, pois podem passar horas concentrados naquilo e adquirir muito conhecimento e habilidades relacionados ao tema. Por isso, relacionam-se melhor com pessoas que tenham os mesmos interesses e que estejam dispostas a ouvir falar sobre seu hiperfoco.

Seletividade alimentar. Alguns alimentos podem incomodar devido a cheiro, cor, textura, barulho ao mastigar, ou até mesmo relacionado a uma mania, como a ordem em que os alimentos são colocados no prato. Nem sempre a seletividade alimentar está relacionada ao sensorial; pode ser devido à rigidez de pensamento e à dificuldade de lidar com mudanças.

Disfunção executiva. É uma desordem nas funções do cérebro que são responsáveis pela organização, pelo planejamento, pela execução de

---

[17] Instagram: @terapiaemquadrinhos.

tarefas, entre outras coisas. Por exemplo: dificuldade em fazer coisas simples, como pegar uma caneta e anotar algo; perdem-se nas datas; dificuldade em iniciar e finalizar alguma tarefa; por isso, deve-se criar estratégias para melhorar essas habilidades.

Fobia social. É um pavor de estar em situações sociais, falar com pessoas, em público, ser o centro das atenções, como apresentar um trabalho para classe, entrar em algum lugar com pessoas conhecidas, mas com quem não tenham intimidade ou que vão reparar neles, deixando-os desconfortáveis e inseguros.

Dificuldade de socialização. Dificuldade em se relacionar e manter vínculos. São bem seletivos em suas amizades, preferindo estar com uma pessoa com quem possa conversar a estar em turma. E não fazem questão de ter vínculos com alguém com quem não se identificam.

Apego à rotina. Sair da rotina é algo que os deixa transtornados. Imprevistos aumentam a ansiedade como um choque no cérebro, e demoram a se recuperarem. Visitas inesperadas, compromissos diferentes, ir a lugares com que não estão acostumados, todas essas coisas podem causar um mal-estar inexplicável. Gostam de ir sempre aos mesmos lugares, escutar as mesmas músicas, assistir ao mesmo filme, usar as mesmas roupas, fazer tudo sempre do mesmo jeito. Sentem-se mais seguros com o que já conhecem e administram-se melhor com as coisas que são previsíveis.

Muitos autistas trabalham meio expediente, ou precisam de pequenos intervalos. Criam estratégias como trabalhar dia sim, dia não. Afinal, autistas são pessoas preguiçosas?

As pessoas são rápidas em dizer que autistas estão sendo preguiçosos. O fato é que eles perdem energia mais rapidamente e estão sempre precisando recarregá-las. Isso se dá devido à estrutura cerebral que absorve uma quantidade maior de informações do ambiente em comparação ao cérebro de pessoas com cérebro típico; com isso, a queima rápida de energia gera cansaço e consequentemente fadiga, o que é diferente de "preguiça".

Autistas cansam-se tanto trabalhando formalmente quanto fazendo algo prazeroso, como tirar férias. Todos nós gastamos energia todo o tempo. Apenas precisamos lembrar que autistas gastam mais e mais rapidamente.

Sendo assim, seguiremos com a finalidade deste livro, que é contar histórias e compartilhar realidades para muitos desconhecidas e que nos ajudarão a ter um olhar diferente sobre coisas importantes, como: desistir nunca foi uma opção!

Cada história neste livro demonstrará lições de vida surpreendentes de pais, mães e profissionais que, diante do provável impossível, tornaram-no possível por meio da superação de si mesmos. Com isso, não somente seus filhos são beneficiados com ajuda: o acreditar que sempre haverá algo a fazer diante de nossas limitações traz esperança e incentivo a outros reagirem positivamente, a buscarem uma intervenção precoce.

Mães que passaram pelo processo da negação e aceitação, que largaram o emprego para focar o tratamento de seus filhos, e em que falar sobre o autismo virou seu novo trabalho e missão de vida.

Famílias que foram informadas de que seus filhos autistas jamais seriam capazes de concluir uma educação normal, mas, afinal, viram-nos estudar, formar-se e até chegar à universidade, levar uma vida independente e desenvolver amizades verdadeiras. E que, diante das informações negativas, conseguiam rebatê-las, vendo a melhora a cada dia de seus filhos.

Contudo, famílias e profissionais na área da Educação clamam por políticas públicas que sejam voltadas para crianças com dificuldades físicas e mentais. Devido à falta de interesse público nesses assuntos, o futuro social e profissional dessas crianças torna-se cada vez mais comprometido. Além do mais, como todo indivíduo em uma sociedade, a criança autista deve ser respeitada, incluída no meio social e estimulada a acreditar em seu potencial.

Por isso, devemos mencionar a importância da mediação no autismo na inclusão escolar. As crianças com transtorno do espectro autista apresentam dificuldades de aprendizagem devido a algumas características comuns, como comportamentos restritivos e repetitivos, dificuldades de comunicação e interação social. Mas, afinal, qual a importância da mediação?

Na mediação social, o mediador ajuda a criança com autismo a interpretar os objetos e eventos do ambiente, assim como a compreender seus usos e funções sociais.

Na educação infantil, o papel do professor é promover o desenvolvimento motor, socioafetivo, linguístico e cognitivo da criança. O mediador, portanto, precisa de um planejamento claro e em conjunto com o professor.

O objetivo da mediação no autismo é ajudar o aluno a adquirir conhecimentos por meio de uma orientação deliberada e explícita. Isso deve ser feito valendo-se de um investimento no processo de significação e ressignificação da criança para além de seu diagnóstico.

É importante entender a forma de interação de cada criança, ajudando-a a significar gestos e palavras em suas interações na escola. No dia a dia, o mediador deve ter em mente desconstruir preconceitos relacionados ao autismo e que a criança participe das mesmas atividades que os colegas.

Ser um mediador é enxergar possibilidades onde ninguém mais enxerga — seria como construir caminhos por onde, aos poucos, é possível caminhar.

"O curso de mediadores empíricos realizado no Mupa[18] [Associação Mãos Unidas Pelo Autismo] foi de fundamental importância na vida da minha filha Maria Sophia, surdocega, hoje com 18 anos. Conhecimento, aprendizado e troca de experiências tornaram o dia a dia da minha filha e da família melhores.

"Dois aprendizados que marcaram o curso ministrado pela psicopedagoga Denise Teperine[19] no Mupa: quando ocorrer uma crise e como lidar com ela e adaptar uma rotina adequada para que minha filha tivesse mais independência, respeitando o seu limite".

Esse relato de Gabriela Couto sinaliza que, por mais que famílias pensem que estão sozinhas nessa luta, sempre encontrarão meios e pessoas que trarão luz para suas dificuldades.

Talvez a frase que caberia aqui para finalizar este capítulo seria a de C. S. Lewis: "O amor faz coisas que a obrigação não é capaz de fazer".

---

[18] Associação Mãos Unidas pelo Autismo. Atendimento para crianças e adolescentes. Disponível em: https://mupa-autismo.negocio.site/. E-mail: mupa_autismo@hotmail.com.

[19] E-mail: denise_teperine@outlook.com. Instagram: @deniseteperine. Disponível em: https://www.facebook.com/deniseteperine.de?mibextid=ZbWKwL.

3

HISTÓRIAS: A REALIDADE VIVIDA POR CADA FAMÍLIA E PROFISSIONAIS QUE NÃO PERMITIRAM QUE SUAS LIMITAÇÕES OS IMPEDISSEM DE SEGUIR

O que Shakespeare, Martin Luther King e Steve Jobs tinham em comum? Mesmo vivendo em épocas diferentes, os três eram reconhecidamente exímios contadores de histórias.

O que dizer da incrível história de Thomas Edison em que sua mãe o tornou o gênio do século? Certo dia, Thomas Edison chegou a casa com um bilhete para sua mãe: "Meu professor me deu este papel para entregar apenas a você".

Os olhos da mãe lacrimejavam ao ler a carta, e ela resolveu lê-la em voz alta para seu filho: "Seu filho é um gênio. Esta escola é muito pequena para ele e não tem professores ao seu nível para treiná-lo. Por favor, ensine-o você mesma!"

Depois de muitos anos, Thomas Edison veio a se tornar um dos maiores inventores do século.

Após o falecimento de sua mãe, resolveu arrumar a casa, quando viu um papel dobrado no canto de uma gaveta. Ele o pegou e abriu.

Para sua surpresa, era a antiga carta que seu professor havia mandado a sua mãe, porém o conteúdo não era o que sua mãe lera anos atrás: "Seu filho é confuso e tem problemas mentais. Não vamos mais deixá-lo vir à escola!"

Edison chorou durante horas e então escreveu em seu diário: "Thomas Edison era uma criança confusa, mas, graças a uma mãe heroína e dedicada, tornou-se o gênio do século".

Thomas Edison registrou 2.332 patentes[20].

Desde os tempos mais remotos, os seres humanos contam histórias como forma de transmitir conhecimento. Seja por pinturas na caverna, seja por filmes, histórias sempre fascinaram a humanidade.

---

[20] Disponível em: http://oabrecampense.com.br/cartade-thomas-edison/.

Contar histórias é o que nos faz essencialmente humanos. Além de transmissão de conhecimento, as histórias têm o poder de inspirar, ensinar, fazer aprender com os erros e ponderar sobre o futuro.

O propósito deste livro é levar você, leitor, a realidades verdadeiras. Em que famílias, profissionais e todos os voluntários envolvidos em atitudes que palavras não conseguiriam expressar: a dedicação e a missão que os impulsionaram a trabalhar com afinco não somente em prol da própria realidade, mas também da realidade do outro.

Histórias que desenvolvem em nós empatia, amor e esperança de que sempre haverá a famosa luz no fim do túnel. Que o sofrimento, apesar de gerar dor, vem como possibilidade de superação e decisão de como enfrentá-lo. Foi com esse propósito de dar uma resposta ao sofrimento que essas famílias e esses profissionais se uniram para trazer oportunidades e possibilidades onde parecia não existir.

E uma dessas possibilidades surgiu com a criação da associação Mãos Unidas Pelo Autismo, uma entidade que há 13 anos atua na cidade de Manaus com a inclusão social de crianças e adolescentes com transtornos do espectro autista. O Mupa é composto por pais e profissionais voluntários, em atividade desde 7 de março de 2010. Foi fundada pela psicopedagoga Socorro Santos, que, por meio de sua luta com seu filho autista, Luiz, ampliou sua visão e generosamente estendeu sua preocupação com outras famílias —quando esteve de frente com o diagnóstico, ela não sabia qual seria o próximo passo, no entanto, abriu as portas de sua casa no início e atendia a todos que chegavam, mas a demanda tornou-se grande, e um local apropriado fez-se necessário para atender as diversas crianças e os adolescentes na cidade de Manaus. Assim nasceu a associação Mãos Unidas Pelo Autismo.

Além de oficinas e seminários de conscientização sobre o autismo, crianças e adolescentes são atendidos por profissionais nas áreas de: psicopedagogia, psicologia, educação física, atividades aquáticas, fonoaudiologia e psicomotricidade.Profissionais que chegam apenas para atender uma criança, mas encontram razões para continuar voltando, pois entendem que a vida é uma via de mão dupla: dar é receber, simultaneamente.

A fonoaudióloga Lília Rocha foi uma dessas profissionais que permaneceram no Mupa:

"O Mupa vem para minha vida em 2012, quando fui convidada para atender uma criança mais que especial. A partir de então, estou 'misturada' com o Mupa. Ambiente onde sonhamos juntos com a evolução dos nossos pacientes, e temos muito sucesso nesse sentido. Que nos digam nossos Pedros, Joões, Marias, Josés, Benícios, Vinicius, Thiegos e Thiagos, Luannas, Leais (meu doce Leal), Eloás, Logans, Ninas, Laras, Emannuéis, Caios, Rafaéis, Raphaéis, e muitos e muitos nomes que trazem a história de nossas crianças tão amadas e tão entrelaçadas a minha vida, a nossa vida, porque não consigo falar só por mim, falo pela família Mupa, por cada um de nós (famílias, crianças, profissionais) que se doam no dia a dia visando ao desenvolvimento global das crianças e dos adolescentes que, graças ao Mupa, tiveram a oportunidade de ser estimulados precocemente, tendo um retorno positivo e muito melhor, que os levará a ter uma vida feliz.

"Entre esses sonhos, vem junto o ambiente acolhedor, adaptado, bonito, e sofremos juntos para resolver nossos muitos problemas financeiros, para darmos continuidade aos atendimentos a nossas lindas e amadas crianças e adolescentes visando a uma qualidade de vida mais condizente com suas expectativas. Perceber as diferenças e conviver com elas nos faz crescer. Aprendemos com os desafios que nos é lançado e buscamos possibilidades para cada caso que chega até nós.

"Meu maior desafio é sentir, perceber, identificar e elaborar a forma mais assertiva e que venha a trazer o melhor desenvolvimento da minha criança, sempre única. Quantas noites fiquei, e fico até hoje, elaborando um plano de atendimento individual, e jamais esquecendo a interação, a socialização. Afinal, estamos todos entrelaçados nesta vida de amor e desafios na Terra. Perceber e ouvir as famílias, as crianças, me faz ser uma pessoa muito melhor. Gratidão por ter a oportunidade de desenvolver um trabalho em que contribuo para a aprendizagem e a felicidade de pessoas tão queridas".

A iniciativa da criação do projeto Mupa sempre foi a de compartilhar conhecimento. Porque os profissionais na área da Educação também têm filhos autistas e com outras síndromes, desenvolveram, por meio de pesquisas e muito estudo, técnicas e estratégias que auxiliavam significativamente seus filhos, e uma delas era ajudá-los a ter a maior autonomia possível. Consequentemente, guardar esses conhecimentos e não compartilhá-los não seria justo com essas famílias.

O Mupa não só compartilhou conhecimento com outras famílias, em específico de crianças autistas, mas uniu forças e abraçou, e ainda abraça, a todos que chegam à associação, sem deixar ninguém de fora. Famílias que, ao tomarem conhecimento do diagnóstico de seus filhos, não sabiam por onde começar nem onde procurar ajuda, e muito menos quem pudesse dar amparo em um momento tão complicado e difícil. Ali estava o Mupa, de portas abertas para receber essas famílias. E muito mais forte hoje com a ajuda de profissionais e voluntários que não medem esforços para dar uma condição de vida melhor para crianças e adolescentes autistas.

Reforçamos que todas as histórias relatadas neste livro no capítulo 3 são reais e de pessoas do nosso convívio. A exceção é Sam Beldie, um jovem de 17 anos, que, apesar de não ser do nosso convívio, traz uma história bem real e que nos servirá de aprendizado. Decidimos então incluí-la para que você, leitor, tenha conhecimento de como um jovem autista enfrenta suas dificuldades no dia a dia. E que poderá ser uma proposta para um próximo livro: trazer relatos de jovens autistas, de como eles se sentem e como venceram suas dificuldades.

3.1 Uma vida com propósito!

A história da psicopedagoga Denise Teperine é aquela que você lê e, por alguns momentos, reflete se você teria condições de fazer o mesmo. Talvez você chegue à conclusão de que não teria tanta ousadia, mas a história dela inspira-nos a prosseguir e encarar as circunstâncias com um novo olhar: olhar de possibilidades.

"Comecei a trabalhar com Pessoas com Deficiência [PcDs] na década de 1980 e desde então tenho dedicado minha vida a essa área, entendendo que, muito mais do que uma profissão, é o meu propósito de vida. Eu lembro que, quando recebi a proposta para me mudar para Manaus a trabalho, muitas pessoas que eu conhecia e que eram da minha área me incentivaram a não vir. Poucas foram as que disseram para eu viver a experiência. Pouquíssimas! Eu já estava há 17 anos em São José dos Campos (sou de Belo Horizonte) e já havia conquistado muita coisa: funcionária pública efetiva, e uma carreira de professora em cursos de pós-graduação que estava se consolidando na área de Educação Especial. Além de ter vivido a experiência de ser sócia numa empresa de cursos, treinamentos e reabilitação profissional para PcDs, a Sensorial.

"Com 42 anos, para maioria das pessoas, eu não precisava arriscar o que já tinha conquistado indo viver numa cidade tão distante e isolada.

'O que você vai fazer em Manaus? Lá você não conhece ninguém! Olha o que você já tem aqui! Lá, você não sabe nem se o menino vai viver muito tempo. Não troque o que é certo por aquilo que é incerto'. "Foi fácil? Nem um pouco! Ainda mais com tanto incentivo... [risos]. Mas, 16 anos depois, cá estou, ainda em Manaus. E, quando já nos meus quase 56 anos já não achava poder fazer muita coisa dos projetos que desenvolvo, que não poderia ser mais possível por conta da pandemia, nesse momento em que pairavam dúvidas e minha alma estava desassossegada, recebo a medalha Anne Sullivan, prêmio internacional".

Mas, afinal, quem foi Anne Sullivan[21]? Não podemos deixar de citar essa história surpreendente que fez com que Denise Teperine fosse lembrada.

Anne Sullivan nasceu em Feeding Hills, Massachusetts, no dia 14 de abril de 1866 e morreu em 20 de outubro de 1936. Ficou conhecida por ter sido a professora de Helen Keller, uma mulher surda-cega, a quem ensinou a língua de sinais por meio do tato. Anne Sullivan também tinha uma deficiência: estava quase cega, mas, depois de duas operações, recuperou parte da visão.

Anne era filha de imigrantes irlandeses. Aos 5 anos de idade, o tracoma atingiu-a, deixando-a quase cega. Dois anos depois, sua mãe morreu e seu pai abandonou as crianças num orfanato em Tewksbury, onde seu irmão morreu pouco depois. Apesar de o orfanato não dispor de instalações formais, Anne desejava estudar. Quando o presidente do Conselho Estadual de Caridades Frank visitou o orfanato, Anne literalmente se atirou na frente dele gritando: "Sr. Frank, eu quero ir para a escola".

Depois de recuperar parte da visão por meio de uma série de operações e graduar-se como oradora da turma, em 1886, do Instituto Perkins para Cegos, ela começou a ensinar Helen Keller. Quando Anne a encontrou pela primeira vez, Helen tinha 7 anos e era bastante indisciplinada. Helen era uma menina ativa, até que aos 18 meses de idade ficou cega e surda. Sem conseguir se comunicar claramente, a menina dava constantes ataques de birra e malcriação, chegando a agredir as pessoas a sua volta. A forma de controlá-la era colocar doce em sua boca. Sem compreender as dificuldades de Helen, os pais tinham o costume de tratá-la como um animal doméstico.

Tente por um instante imaginar a vida de Helen, imersa na escuridão e no silêncio, ansiando para que as pessoas fossem capazes de entendê-la.

---

[21] Disponível em: https://ricardoshimosakai.com.br/o-milagre-de-anne-sullivan/.

Não é como se devessem culpar alguém pela situação, principalmente devido à época em que tudo aconteceu, em que ainda não existiam tantas especialidades médicas.

Sem conseguir progressos, seus pais decidiram procurar ajuda, e depois de várias pesquisas chegaram ao **Instituto Perkins para Cegos**, em Boston, Massachusetts. Ao escrever para o doutor **Michael Anaganos**, este decidiu encaminhar sua aluna recém-formada Anne Sullivan para cuidar de Helen.

Anne viveu no instituto desde a infância, onde passou por várias cirurgias nos olhos, tendo de usar óculos escuros para proteger-se da claridade, que lhe provocava dores. Cuidar de Helen seria o seu maior desafio, pois ela tinha o receio de não poder fazer com que a menina compreendesse o significado das coisas. Anne era capaz de entender Helen, porque conhecia a realidade de não poder enxergar, tendo ela mesmo sido cega na infância — passar pelas mesmas dificuldades de um semelhante pode influenciar na tomada de decisões e em como proceder diante dos desafios.

Dando início ao árduo trabalho de ensinar Helen, Anne utilizava as mãos para tentar ensinar as palavras a ela. Percebendo que a família dificultaria seu trabalho, Anne isolou-se em uma casa com Helen, onde lhe ensinou boas maneiras.

Após voltar à casa da família, Helen voltou a fazer malcriações, jogando água em Anne, pois sabia que seus pais a defenderiam. Vendo que todo o seu esforço seria desperdiçado por causa da família, a professora confrontou a família de Helen e, após aceitação dos seus membros, levou a menina até a bomba de água para encher a jarra. Enquanto a bombeava, Anne soletrava a palavra "água" na mão de Helen várias vezes, quando finalmente a menina conseguiu relacionar e entender o significado da palavra.

Em um desespero por aprender mais, Helen pediu que Anne lhe ensinasse mais palavras. E assim uma longa relação que durou 49 anos se iniciou. Nos dias atuais, a história da menina surdocega talvez não chame tanta atenção devido aos avanços conquistados ao longo dos anos. Mas, para a época em que Helen e Anne viveram, o mais comum seria que Helen fosse enviada para uma instituição e esquecida pelos demais.

Com muita garra, a professora demonstrou total dedicação em acompanhar Helen e mostrar-lhe que existia um mundo maior que as paredes de sua casa. Anne Sullivan não desistiu porque acreditava na capacidade de Helen de aprender.

Talvez o mais chocante dessa história não seja uma menina surdo-cega conseguir aprender a se comunicar ou o esforço da professora em não desistir de apresentar o mundo a Helen, mas sim o fato de que, para muitas pessoas, seja necessário ler histórias para entender que milagres acontecem quando as pessoas renunciam a si mesmas em prol de ajudar o próximo.

Sendo assim, temos Denise bem perto de nós, que nos ensina que renunciar a si trouxe vida e esperança a outras pessoas.

"Sou uma mulher com a missão de desbravar e começar trabalhos onde ninguém acredita ser possível, filha de uma assistente social de hospitais psiquiátricos e de um militar aposentado, nascida e criada em um lar cheio de desafios, que aos 56 anos tem a honra de dizer que sempre trabalhou, desde o primeiro emprego até agora, somente na área de Pessoas com Deficiência. E sou corajosa para seguir o que acredito e não ser do tipo que se curva ao que a maioria acha que tenho que fazer (ou dizer).

"Aprendi muito cedo que o que não falta para a maioria é justamente coragem. E isso sempre tive de sobra!

"Esqueçam o que disserem sobre o que você tem que fazer. Principalmente se for algo que exija coragem. Faça o que você acredita ser o certo, mesmo que todos digam o contrário. Pois, no fim das contas, a vida é uma só, e só temos que prestar contas a Deus! 'Se tiver medo, vai com medo mesmo', como dizem os pensadores contemporâneos. Nem toda empreitada vai dar certo. Fato. Mas arrependimento de não ter tentado, ahhh, com isso não podemos morrer. Não mesmo!

"Minha história e paixão pela Amazônia começou bem antes, lá na minha adolescência, quando eu tinha o sonho de ser missionária nessas terras. Na época não aconteceu... mas eu sentia esse chamado dentro de mim. A vida ia seguindo, eu fui estudando, trabalhando, me especializando, e em 2003 tive a oportunidade de ir ao Canadá para participar da 13.ª Conferência Mundial DbI apoiada pela Canadian Deafblind and Rubella Association. Também conhecida como Conferência Mundial de Surdocegueira - Inclusão: uma vida de oportunidades. Um evento de porte internacional reconhecido mundialmente.

"Por isso dedico este capítulo a um grande apoiador, Stan Munroe, que me proporcionou esta oportunidade que viria a mudar por completo a minha vida nos anos seguintes até o dia de hoje. No Canadá tive a oportunidade de conhecer o trabalho dos *interveners* e decidi que era isso que queria fazer para o resto da vida. Orei e pedi a Deus que me desse a oportunidade de poder fazer essa mudança.

"Em 2008 me mudei para Manaus para trabalhar com uma criança, Nuno, que tinha síndrome CHARGE com 5 anos de idade, e estou aqui há 16 anos, trabalhando em tempo integral com ele e em atendimento de alguns outros.

"Em 2011 tivemos o Seminário Internacional de Educação Inclusiva aqui em Manaus, com a presença de Stan Munroe (Canadá) e Jude Nicholas (Noruega). Um dos principais objetivos foi falar do papel de um instrutor mediador na visita do Dr. Stan Moore, que avaliou meu trabalho e, diante dos resultados, autorizou que eu traduzisse o material e adaptasse para a nossa realidade. Tínhamos, portanto, naquele momento a chance de criar o curso de Mediadores aqui na Amazônia, e naquele tempo não tínhamos acesso a informações e cursos a distância como temos nos dias de hoje. Não havia um nível de conscientização e leis mais abrangentes para pessoas com deficiência.

"E havia aqui em Manaus um grande número de crianças com autismo, muitas sem diagnóstico nem atendimento especializado, e também ainda não havia a Lei Berenice Piana; a partir dela, as pessoas com autismo passaram a gozar dos mesmos direitos das pessoas com deficiência. Os pais que possuíam condições buscavam ajuda de fora. Mesmo para aqueles que podiam buscar ajuda fora, existia a falta de profissionais para o exercício diário de uma mediação escolar. Foi então que vimos a possibilidade de criarmos o curso de Mediadores Empíricos. Uma formação básica para pessoas que já estavam atuando, mas que não tinham um conhecimento específico.

"Buscamos então apoiar o Mupa, um dos poucos grupos que aqui estavam atendendo graciosamente as crianças. O primeiro curso aconteceu em outubro de 2012 nas dependências da Igreja Calvary Chapel, sob direção do Pastor Kevin Miller e sua esposa, Claudia. A demanda foi crescendo, novos módulos foram surgindo e hoje, dez anos depois, temos mais de 600 pessoas que concluíram ou passaram pelos cursos; alguns atuam diretamente contratados por pais, outros por escolas, alguns se tornaram autônomos e atuam em clínicas.

"Os temas que desenvolvi no curso de Mediadores Empíricos foram:

1. Princípios da filosofia de mediação na perspectiva canadense;
2. A relação ética do mediador frente a escola e família;
3. Desenvolvimento da comunicação;
4. Desenvolvimento da regulação emocional e comportamental;
5. Estilos de aprendizagem;
6. Dificuldades relativas ao processamento de informações;
7. Programas funcionais;
8. Multialfabetização;
9. Construção do plano de ensino individualizado;
10. Autismo e adolescência.

"O curso de Mediadores no Mupa é baseado na filosofia canadense de intervenção e tem como premissa os princípios estipulados por eles, que são: comece fazendo o que é 'NECESSÁRIO', providencie informações adequadas e específicas ao modo pessoal de cada indivíduo que não consiga coletar por si só devido a uma deficiência.

"Providencie motivação necessária para o indivíduo com deficiência para que queira se tornar ativo em seu ambiente. Encoraje-o com oportunidades para socialização com a família, colegas e pessoas da comunidade. Assegure que toda experiência seja uma oportunidade para crescimento de conceitos e aquisição de habilidades. Providencie o nível de apoio necessário para assegurar uma comunicação efetiva. Promova informação necessária por antecipação, motivação, comunicação e confirmação.

"Toda experiência é uma oportunidade de promover informação e encorajar interação. Intervenção é: fazer com, e não pela pessoa. Não devemos fazer suposições a respeito das habilidades das pessoas com autismo. Nunca subestime a importância da interação entre o mediador e a pessoa autista.

"Escolhi a música 'Amor maior', do Jota Quest, como tema do nosso curso de Mediadores. Nela vejo expresso aquilo que penso ser o nosso trabalho nessa jornada junto a crianças com deficiências e autismo. Muito se fala de inclusão, mas ainda nos falta agir com "amor maior", um amor incondicional e uma crença total e respeito pela pessoa com deficiência e sua família.

"Espero que as histórias contadas neste livro possam tocar seu coração para abraçar de 'corpo inteiro' essa causa. Ame sempre, é preciso!

"A música diz assim: 'Eu quero ficar só. Mas comigo só eu não consigo. Eu quero ficar junto. Mas sozinho só não é possível. É preciso amar direito. Um amor de qualquer jeito. Ser amor a qualquer hora. Ser amor de corpo inteiro. Amor de dentro para fora. Amor que eu desconheço. Quero um amor maior. Um amor maior que eu. Quero um amor maior, *yeah*! Um amor maior que eu'.

"A frase da música que diz 'É preciso amar direito', foi com ela que construí toda dedicação e amor pela vida do Nuno. Amando-o 'direito'.

"E, por falar no Nuno, no trabalho que desenvolvi com ele se fez necessário esquematizar uma rotina de atividades entre aprendizagem específica de conceitos para a qualidade de vida tanto dele como para seus familiares: o treino da autonomia nas Atividades de Vida Diária [AVDs], atividades físicas e terapias. Chamamos de AVDs as atividades rotineiras, ou seja, que são realizadas diariamente com funções de autocuidado e higiene pessoal. São elas: lavar as mãos, escovar os dentes, usar o banheiro, alimentar-se, tomar banho, vestir-se, utilização de eletrodomésticos etc. As crianças diagnosticadas dentro do espectro do autismo apresentam muita dificuldade na aprendizagem das atividades de vida diária, ficando dependentes de um adulto por mais tempo do que uma criança com desenvolvimento típico.

"Esta dificuldade se dá devido às deficiências na área da linguagem e das habilidades sociais. Ou seja, uma criança que não aprendeu a habilidade social de imitar não inicia as atividades rotineiras espontaneamente, imitando os adultos, como as crianças com desenvolvimento típico fazem com tanta naturalidade. Da mesma forma, uma criança que não desenvolveu a linguagem receptiva (compreender o que os outros dizem) não segue as instruções verbais dadas pelos adultos na execução das atividades rotineiras. Com isso, a rotina fez com que as situações inesperadas fossem, cada vez mais, encaradas com menos dificuldades.

"Crises de autoagressão ou agressão ao outro continuavam e continuam existindo, mas em menor quantidade e intensidade. Segundo um dos Princípios Canadenses do Conceito de Instrução-Mediação: a instrução-mediação deve permitir que toda a experiência seja uma Experiência de Aprendizado e Oportunidade.

"Quando chegou o tempo de pandemia, como em qualquer lugar a Covid-19 alterou drasticamente a vida de todos, e com o Nuno não foi diferente. Entretanto, algumas medidas permitiram que essas mudanças não prejudicassem nem o trabalho nem a segurança das conquistas que havíamos obtido. Parei de me deslocar para o trabalho e comecei a viver com a família. A presença dos pais em casa poderia ser difícil para Nuno entender, então eles ficam em *home office* e interagem com ele nos mesmos momentos de antes. Além disso, havia a impossibilidade de sairmos de casa para explorar os arredores, como era feito antes de começarmos a explorar mais profundamente os ambientes da casa, como, por exemplo: o quintal da casa. Dessa forma, desenvolvemos o projeto O que Tem no meu Jardim?, e desde então começando do mais simples para o mais complexo. Estruturando seu conhecimento e aumentando seus conceitos de mundo.

"Atualmente este projeto ganhou novos objetivos e se ampliou de maneira muito significativa para ele. Hoje estudamos sobre cômodos da casa, o que tem nos ambientes, onde as pessoas ficam e o que fazem. Estudamos sobre a rua da sua casa, a cidade onde ele mora, a cidade onde moram os tios, as cidades para onde ele vai fazer tratamentos. Toda situação é literalmente vista como oportunidade, todos os acontecimentos da vida são situações de aprendizagem constante e permanente".

Assim como a de Denise, conheceremos neste livro outras histórias de pessoas que se tornaram incansáveis na condição de incluir a vida de famílias de autistas dentro de sua comunidade e na sociedade. Com outras mulheres, desenvolveu o projeto Nenhum a Menos, baseado na frase de Jesus escrita no livro de Mateus 18: "Cuidado para não desprezarem nem um só destes pequeninos"! Projeto esse desenvolvido na Igreja Presbiteriana de Manaus: a Igreja da Amazônia para que todas as crianças possam conhecer o amor de Jesus, tendo o direito de participar do culto de fé.

A igreja está fazendo seu papel de acolhimento, e de respeito às diferenças, tanto da família como da criança autista, sendo importante que todos os seus membros saibam que há uma criança autista ali (evitando-se, assim, comentários maldosos) e para que todos tenham a oportunidade de agir com empatia com seus familiares.

Por intermédio de seus líderes, a igreja deve orientar seus membros sobre o conhecimento das características de um autista. Por exemplo, devido à sensibilidade do autista ao volume alto do som, será necessário abafadores de som. Ainda, alguns autistas dão pulos ou balançam as mãos, mas os membros da igreja não devem interpretar isso como uma falta de respeito (como se estivessem pedindo para parar). É possível também que, na hora da comunhão, a criança ou o adulto não se sinta à vontade para abraçar, e esta é mais uma das características da sensibilidade sensorial do autista.

Como todo projeto, será necessário haver novas adaptações, mas, como a própria Denise diz: "Incluir dá certo!"

3.2 Uma mãe que lutou e luta pela superação de seu filho

Talvez a pior coisa para uma mãe é não poder ajudar seu filho em seu sofrimento. A dor e tristeza de um filho potencializa-se de forma duplicada nas mães. Por isso, o amor de uma mãe é comparado com o amor de Deus. E a história relatada pela psicopedagoga Socorro Santos mostrará a nós que Deus entende bem essa dor e que Ele nunca estará alheio aos nossos sofrimentos.

"[Inicio] esta história com algumas palavras desesperadoras: 'Ele nunca vai falar', 'Você nunca vai ouvir a palavra *mamãe*', 'Não vai se alfabetizar'. E a mais dolorida: 'Nunca vai ser independente', 'O autismo não tem cura e terapias não fazem efeitos, ele terá que tomar remédios para a família ficar bem'.

"Todas essas barbaridades eu ouvi de uma médica. Após ouvir tudo isso, comecei a fazer várias perguntas para mim mesma: Vou ficar presa em casa com meu filho para o resto da vida? Vou embora e deixar tudo para trás? Vou tirar minha própria vida? Por que Deus está me castigando? Então foram esses os questionamentos que fiz a mim mesma, isso sem falar em uma depressão em que fui ao fundo do poço para poder levantar.

"[Começava] a caminhada rumo ao desconhecido, ou melhor, uma guerra para vencer o desconhecido (autismo). Para mim, na época, um diagnóstico de autismo clássico era muito difícil, e ainda é, porém em 2009 era quase que o fim para uma família, e não foi diferente para nós. Então entrei em uma depressão em um nível maior; foram dias sem comer e sem receber ninguém em casa, queria ficar sozinha e com pena de mim mesma, precisava viver esse luto, enterrar o filho perfeito e lutar para que o Luiz fosse independente, porque os pais não são eternos.

"Não é fácil para nenhuma família saber que tudo que sonhara para seu filho jamais acontecerá; muitos pais fazem planos para o futuro daquela criança, no entanto, quando o seu bem precioso vem com defeito, começa a incessante busca por respostas e com ela a culpa, o medo, a insegurança e a raiva. Com todo esse conjunto de sentimentos, a força emerge para começar uma caminhada que não se sabe quando vai ter fim[22].

"A escolha. Escolhi lutar pelo desenvolvimento e superação do Luiz, começando uma caminhada com muitas pedras. Então, decidi sair do trabalho para me dedicar ao tratamento e também estudar, pois eu precisava entender o que era o autismo para poder ajudar meu filho. Precisei entrar em um mestrado para entender como uma criança dentro do espectro do autismo aprendia, pois todas as fontes teóricas da época não falavam claramente. Além dos meus estudos, pesquisei diversos métodos para adaptar para ele, pois cada autista é único, o que serve para um talvez não tenha eficácia para outro.

"Atualmente já existem diversas pesquisas realizadas em busca de melhor tratamento. Segundo Williams e Wright[23], as famílias costumam pesquisar sobre o assunto, tornando-se especialistas no que diz respeito às características bem como aos tratamentos. As primeiras suspeitas começam em casa... Geralmente são os pais que identificam os comportamentos inadequados de sua criança, acarretando um imenso desconforto no cotidiano da família.

"Na verdade, quando os pais se deparam com um diagnóstico de autismo em seu filho, quando acontece uma quebra na reta do desenvolvimento, e esse novo ser não consegue atender as expectativas da família e da sociedade, algo não está correto, então se inicia a longa caminhada em busca da resposta que muitas vezes fere a alma de quem ama, pois, quando uma criança nasce, depositam-se planos e expectativas [nela][24].

"Às vezes a família esconde o filho especial, tentando evitar a discriminação. É muito duro enfrentar a incompreensão, mas a fuga não é o caminho certo. Pode ser que o preconceito venha de dentro da própria família, quando a negação vem em primeiro lugar, e com isso se acaba perdendo tempo precioso para a intervenção precoce, que é fundamental para a evolução de uma criança ainda pequena. A minha hipótese de que todo autista é capaz de aprender foi respondida através das

---

[22] TABACHI, D. **Mãe, me ensina a conversar**. Rio de Janeiro: Editora Rocco, 2006.

[23] WILLIAMS; WRIGHT, 2008.

[24] FERRARI, 2007.

minhas pesquisas com o meu objeto de estudo em casa: Luiz. Encontrei um método chamado *Son-Rise* (este programa acontece nos Estados Unidos). A tradução: 'Traga meu menino de volta'. Então, pensei em vender tudo e ir fazer esse programa, porém resolvi fazer um quarto do *Son-Rise*, pois sairia mais barato e não tínhamos muitos recursos para o tratamento, e sabemos que até hoje não é barato. Não foi barato construir esse quarto, tivemos que fazer um grande empréstimo, que durou anos para pagar, porém não me arrependo, todo o sacrifício valeu a pena. Fui a primeira terapeuta do Luiz.

"Para entendermos melhor o programa *Son-Rise*, ele traz uma abordagem educacional prática e abrangente para inspirar as crianças, adolescentes e adultos com autismo a participarem ativamente em interações divertidas, espontâneas e dinâmicas com os pais, outros adultos e crianças. O programa *Son-Rise* demonstra que, quando uma pessoa com autismo passa a participar deste tipo de experiência interativa, ela torna-se mais aberta, receptiva e motivada para aprender novas habilidades e informações. A participação da pessoa nestas interações seria então fator-chave para o tratamento e recuperação do autismo.

"O diagnóstico aos 2 anos veio com uma tempestade de sentimentos, tristezas e incerteza sobre o futuro. 'Autismo clássico', esse foi o diagnóstico. E realmente eu concordei, pois o Luiz não falava, não olhava nos olhos, batia a cabeça e era superagressivo com ele mesmo e com os outros. As birras duravam cerca de duas horas, não gostava do toque e tinha seletividade alimentar. Diante de todas essas características, eu não poderia perder tempo, pois o autismo não espera. Porém, não foi fácil aceitar que meu filho não era igual a outras crianças. Jamais poderia frequentar uma escola ou se comunicar; e seria dependente para sempre. Diante de tudo isso, havia três caminhos a seguir: primeiro, tiro a minha vida e acabo com esse sofrimento; segundo, vou embora e deixo tudo para trás; terceiro, arregaço as mangas e vou lutar contra o desconhecido. Escolhi lutar para que ele tivesse uma qualidade de vida melhor, ou seja, que evoluísse e que fosse feliz. Somente feliz.

"Não foi fácil. Muitas vezes pensei em desistir, pois os avanços eram poucos, como não podia pagar os terapeutas que no programa atendiam a criança em casa, especificamente no quarto do *Son-Rise*. Para montar esse quarto, fizemos um empréstimo que só terminaríamos [de pagar] quando o menino tivesse 12 anos, mas era necessário naquele momento, pois, como costumo falar: 'O autismo não espera'. O trabalho era realizado por mim, a babá, e na equipe havia uma fonoaudióloga e um psicólogo; o trabalho no quarto era realizado pela manhã, das 7 h às 11 h, todos os dias, semanas e anos, para obter resultados favoráveis.

"Com seis meses de tratamento e intervenção de quatro horas por dia, às vezes os resultados eram favoráveis e em outras perdíamos tudo que outrora havíamos conquistado. Algumas vezes queria desistir, porém a fé em Deus era e é grande, pois eu acredito em milagres e também nos tratamentos, principalmente nas terapias. Então foram meses de intervenções. Matriculamos ele em uma escola, mas sem sucesso, convidaram gentilmente o Luiz a dar um tempo até melhorar para voltar. Com isso, percebi que eu estava querendo fazer o inverso. Se uma criança não aguenta o ambiente escolar, por que insistir? Sabemos que a rotina escolar tem uma carga sensorial absurdamente grande, e eu só fui entender isso quando o Luiz finalmente conseguiu se comunicar. Realmente ele não aguentava ficar na escola, todos os dias era uma guerra para colocar o menino no carro, e, quando chegava à frente da escola, tampava os ouvidos e gritava.

"Diante de tudo isso, percebi que o melhor era ajudá-lo com uma intervenção precoce para poder voltar à escola. O tratamento não é uma receita de bolo, o diagnóstico do Luiz era clássico, ou seja, severo, então realmente insistir em manter uma criança superagressiva que se autoagredia e também aos outros era perder tempo naquele momento.

"Aos 3 anos, Luiz ainda estava com o grau do autismo muito intenso, não olhava nos olhos, não socializava, com a seletividade alimentar ao extremo, e continuava andando na ponta dos pés. Continuava com minhas pesquisas e sempre com o objeto de estudo: Luiz. Uma coisa é certa: as mães se sentem culpadas na maioria das vezes, e eu me senti assim por muito tempo. E questionamentos surgem: Não deveria ter engravidado e continuar trabalhando. Será que fiz algo de errado na gravidez? Será que Deus está me punindo por algo que fiz? No entanto, entendi que na verdade esse menino era um presente que mudaria o rumo de nossa vida.

"A caminhada. Para uma criança evoluir, é necessário inúmeras idas e vindas a diversas terapias e profissionais, equipe multiprofissional. Porém, no caso do Luiz, optei por um tratamento que eu podia pagar, e apostamos muito no quarto com abordagem do *Son-Rise*, e com outros métodos, que realmente foram muito favoráveis ao processo de evolução do Luiz. Em 2010, poucas clínicas tinham profissionais qualificados para trabalhar com crianças e adolescentes com autismo, mas as que existiam cobravam muito caro. Nós não tínhamos como custear todas as terapias necessárias, então fizemos o possível para que ele pudesse ter uma vida independente. Na verdade, me orgulho de ter sido a primeira terapeuta do Luiz, pois as intervenções eram diárias e sem hora para acabar.

> As terapias do plano de saúde, devido ao pouco tempo, não traziam melhoras, e a dificuldade de encontrar profissionais qualificados era constante. Algumas famílias se juntavam para trazer médicos de outro estado para que seus filhos tivessem rapidamente um diagnóstico para começar um plano terapêutico.

Segundo Socorro Santos[25], essa síndrome tem uma complexidade, devido aos sintomas apresentados. O transtorno do espectro autista é um distúrbio do neurodesenvolvimento caracterizado por desenvolvimento atípico, manifestações comportamentais, déficits na comunicação e na interação social, padrões de comportamentos repetitivos e estereotipados, podendo apresentar um repertório restrito de interesses e atividades. Com o prognóstico muitas vezes comprometedor, a dificuldade de encontrar na rede pública um suporte adequado constitui uma das principais queixas dos familiares.

"Sobre o tratamento do Luiz, não encontrei um plano terapêutico que envolvesse uma equipe multiprofissional, porém busquei todos os profissionais que estavam a meu alcance naquele momento; alguns tinham interesse em ajudar e outros nem tanto. Pois um menino autista com diagnóstico de autismo Nível 3 (que chamam atualmente; na época era 'clássico'), com comportamento de autoagressão, não verbal, com problemas sensoriais ao extremo... Não era fácil conseguir terapeutas, tanto pela dificuldade de especialidades, e também custear vários profissionais da área não conseguiríamos, por falta de recursos. Na época, tive que deixar de trabalhar para cuidar dele, não tive opção. A fala foi embora, o olhar ficou distante, e a agressividade com as birras vieram em uma proporção gigantesca. Cheguei a pensar que teria que ficar trancada em casa com ele.

"Consigo me lembrar das crises que duravam horas. Uma cena que acredito que jamais vou esquecer foi quando tinha 2 anos; quando con-

---

[25] SOCORRO SANTOS, 2017.

trariado, quebrava tudo que encontrava pela frente, precisava sempre que estivesse alguém por perto para evitar que se machucasse. Então um dia ele teve uma crise tão grande que fiquei com medo de os vizinhos me denunciarem. Naquele dia tive um misto de sentimentos e me senti impotente diante daquela situação, sem poder ajudar um menino tão pequeno. Coloquei ele dentro do chiqueirinho para evitar as mordidas, as batidas de cabeça, as autoagressões, e vi uma cena que me chocou muito: Luiz se debatia e gritava, e eu oferecia colo, dizia: 'Meu filho, mamãe está aqui, vem para o colo da mamãe'. Me batia e mordia, não queria colo, lugar este onde toda criança se acalenta, isso realmente partiu meu coração. Realmente em alguns momentos pensei que talvez tivesse de ficar em casa sem sair, pois um passeio, para ele, era muito difícil, a crises de birras eram constantes, geralmente duravam horas, tive que aprender na prática como lidar com esse comportamento desafiador.

"A escola foi difícil; na verdade, não conseguiu nas duas primeiras escolas, seu comportamento era muito desafiador para permanecer em uma classe regular, não entendia as regras, muito menos os comandos, então Luiz usava os mecanismos que tinha para expressar seus sentimentos e frustrações, ou seja, todos os dias a agenda escolar tinha algo que doía em meu coração. A escola é muito importante para o desenvolvimento de uma criança, e estava apostando muito que [a escola] iria ajudá-lo a evoluir. Luiz não se adaptou ao ambiente escolar, e nem a escola sabia o que fazer para ajudar, e eu realmente entendia a posição da escola, mesmo sabendo que sem a escola iria ser bem mais difícil o tratamento. Compreendia a posição da escola. O comportamento em casa também era difícil: imagine na sala de aula com muitas crianças e regras a seguir. Então foi quando decidi fazer o caminho inverso. Preparar aquela criança que estava dentro de um ambiente sensorialmente aguçado demais, e dentro do seu quarto, com o programa *Son-Rise*, trabalhar a rotina escolar. Relembrando: eu não fiz o programa *Son-Rise* na íntegra, pois não tinha condições financeiras, porém pedi os DVDs na época e fiz apenas a abordagem. Confesso que foi a melhor decisão prepará-lo para poder adentrar no ambiente escolar; assim, pude entender os motivos reais de seu comportamento dentro de sala de aula. Imaginem assistir ao trailer do filme *Transformer*: assim é a sala de aula para um aluno autista, o barulho, as luzes, as explicações da professora, tudo isso vira um misto de emoções para a qual uma criança não está preparada, das quais certamente não dará conta.

"Demorei para entender que o ambiente escolar era muito desafiador devido aos problemas sensoriais: visuais, auditivos, o toque na pele e principalmente a aglomeração. Comecei a observar que Luiz: quando chegava à escola, colocava os dedos nos ouvidos, e foi aí que percebi que ele não dava conta de tantos estímulos e decidi investir em terapias para primeiramente prepará-lo para posteriormente retornar ao ambiente escolar.

"Sabemos que a decisão em desistir de colocar uma criança autista na escola é dolorosa, porém temos que ter a sensibilidade de entender que no momento não é o ideal. O aluno sofre em uma sala de aula onde ele não consegue se autorregular devido ao estímulo. É importante entender que estou falando especificamente do Luiz, mas, para os autistas de grau mais leve, a escola funciona perfeitamente e também ajuda no desenvolvimento global.

"A aprendizagem do autista tem certa complexibilidade devido à individualização da síndrome, pois ele é único, e muitos são inteligentíssimos, autodidatas, outros necessitam de acompanhamento para toda a vida. O Luiz aprendeu a ler muito cedo, a escrita foi difícil, recusava pegar no lápis, então, observando-o, percebi que, na verdade, a coordenação motora não estava bem desenvolvida, entendi que esse era o motivo da recusa na escrita. Na nossa casa, tínhamos a *Barsa*, ele andava com aqueles livros grandes, olhava números e letras, e com isso começou a decodificar os códigos da leitura precocemente.

"A hiperlexia é uma condição que faz com que a pessoa desenvolva uma habilidade de leitura excepcional em uma idade precoce, mas ao mesmo tempo não possui habilidades linguísticas. Sendo assim, a criança apresenta um fascínio intenso por letras ou números e uma capacidade avançada de leitura. Frequentemente, começam a ler muito jovens, às vezes já aos 2 anos e sem instrução de leitura. Essa habilidade indica que algumas crianças têm uma capacidade de decodificação de palavras maior do que o restante da população. Isso significa que os níveis de compreensão também excedem os de uma criança típica de sua idade.

"As crianças que têm hiperlexia possuem uma excelente memória visual e auditiva, elas tendem a se lembrar do que veem e ouvem com pouco esforço. Porém, essa memória excepcional não ajuda na fala ou na compreensão da linguagem. Embora as crianças hiperléxicas tenham habilidades avançadas de leitura, elas geralmente têm um vocabulário limitado e dificuldade para se comunicar.

"Não foi diferente com o Luiz. Lia perfeitamente, mas não se comunicava. Só uma pequena parcela das crianças diagnosticadas apresenta a hiperlexia precocemente. Contudo, toda pessoa com autismo é capaz de evoluir (não importando seu quadro clínico), com tratamento adequado e, acima de tudo, o apoio da família e muito amor. Na literatura atual, existem livros escritos por autista que conseguiram viver em sociedade, frequentar escola regular, faculdade e conseguir sucesso profissional. Temos como exemplo: Grandin[26], com Asperger, escreveu vários livros relatando sua história. Vive na Califórnia, é professora universitária, psicóloga e desenha máquinas para fazendas. Em sua autobiografia, *Uma menina estranha*, ela destaca a importância de sua mãe para o sucesso de seu desenvolvimento; relata que, se tivesse de escolher entre ser autista ou não, responderia que, se deixasse de ser autista, não seria ela mesma.

"Também, Daniel Tammet[27], em *Nascido em um dia azul*, consegue aprender uma língua estrangeira em uma semana e tem uma empresa de idiomas na internet; relata que sua família foi fundamental para sua superação. Para o conhecimento dos nossos leitores, Daniel Tammet foi considerado por cientistas um dos segredos a serem desvendados para a compreensão do funcionamento da mente humana. Ele foi capaz de recitar de cor mais de 22 mil dígitos do número Pi diante de acadêmicos de Oxford. Por sua capacidade extraordinária de aprender uma língua, por vezes, em uma semana, o autor criou um sistema de aprendizagem de idiomas com cursos on-line que é um sucesso e o mantém ativo no mercado de trabalho.

"Cabe aos pais, aos professores e aos profissionais de saúde buscar possibilidades de desenvolvimento cognitivo bem como de mudança de comportamento, possibilitando melhoria dos sintomas da síndrome[28]. O homem se transforma a partir do momento que se comunica, iniciando experiências cotidianas, e, como consequência disso, aguça a imaginação. Com o autista verbal, é possível que ele desenvolva a imaginação reconhecendo sua condição e entendendo suas limitações[29].

---

[26] Disponível em: https://www.travessa.com.br/uma-menina-estranha-autobiografia-de-uma-autista-1-ed-1999/artigo/.

[27] Disponível em: https://www.intrinseca.com.br/livro/27/; https://optimnemblog-blogspot-com.translate.goog/?_x_tr_sch=http&_x_tr_sl=en&_x_tr_tl=pt&_x_tr_hl=pt-BR&_x_tr_pto=sc.

[28] FERRARI, 2007.

[29] DSM-IV, 1995.

"A evolução do Luiz foi gradativa. Diagnosticado com autismo moderado caminhando para o severo em 2009, apresentava déficits nas áreas de comunicação, interação social, padrões repetitivos de comportamentos, dificuldades em mudança de rotinas, birras constantes, seletividade alimentar e atraso na comunicação. Um dos padrões de comportamento que mais me incomodavam era não saber brincar. Não brincava de maneira correta com seus carrinhos, costumava colocá-los em uma superfície para observar o movimento das rodinhas.

Gostava de fazer pesquisas ainda muito pequeno, nunca entendi como ele conseguia pois não sabia ler (pelo menos eu pensava que ele não sabia), pesquisava as logomarcas de empresas, e as favoritas eram de supermercados, carros e símbolos da Globo desde 1970. Havia um detalhe interessante: imprimia todas e depois pedia para colar nas paredes. Como ele pedia? Usava os adultos da casa como objeto, pegando na nossa mão para fazer suas vontades, e tinha o hábito de levar esses papéis para a escola e terapias. Tinha muitos brinquedos. Eu todos os dias fazia a terapia do brincar, e por muito tempo não obtive sucesso, pois as benditas logomarcas estavam em primeiro lugar. Quando ele foi entendendo que os brinquedos também eram legais e que podia ser divertido, começou a se interessar pelos carros e brincar de maneira correta, não só para olhar os movimentos das rodas. Hoje me lembro desses detalhes e fico pensando: como pode um cérebro tão maravilhoso e ao mesmo tempo tão complexo? Na minha humilde opinião, só Deus pode explicar.

"Sobre a hiperlexia, como ele já sabia ler, não se interessava pela atividade de pintura ou de letras. Imaginem uma criança no jardim sem querer realizar os mesmos exercícios dos demais. Com isso, gerava birra, e demorou para eu descobrir que era porque, se ele já sabia o A, não interessava cobrir e muito menos pintar a letra.

"Aos 5 anos, Luiz começou a falar, ou seja, se comunicar, por isso defendo a intervenção precoce: talvez se eu tivesse negado ou esperado, o resultado não seria positivo. Quando finalmente começou a falar, pude entendê-lo melhor, como: o que sentia, onde doía. Com isso, as crises diminuíram. Contudo, a caminhada tinha que continuar, e finalmente estava pronto para a aprender. Nessa época as coisas começaram a melhorar, e pude ver a evolução do Luiz e dormir em paz. Não que eu tivesse relaxado, mas por saber que tudo que eu fiz valeu a pena, e faria tudo novamente.

"A princípio, o Luiz precisou de um mediador na escola, devido à falta de atenção e à inquietude. Costumava ensinar os conteúdos escolares antecipadamente. Com o passar dos anos, Luiz foi conseguindo vencer os obstáculos sensoriais e entender como ele funcionava. Até hoje precisa de regulação no ambiente escolar. Hoje vejo que irá para a faculdade, terá um emprego e uma vida com independência.

"Se Deus me fizesse a seguinte pergunta, 'Quer trocar a criança por outra?', certamente responderia 'Não!' Com o Luiz aprendi muito, principalmente a ser humilde o suficiente para entender a dor do outro. Acreditar no milagre de Deus... Sei que Ele fez um milagre na vida do meu filho, aliás, em nossa vida.

"Na verdade, Ele ameniza as nossas dores. Existe uma passagem na Bíblia que fala: 'Faz por ti que te ajudarei!' Pois bem, levei essa frase como verdade na minha vida. Se era minha vontade ver meu filho evoluindo e vê-lo independente, teria que lutar para alcançar esse objetivo. Sei que nunca estive sozinha nesta caminhada, Deus sempre esteve e está comigo.

"Quando consegui ajudar o Luiz, decidi ajudar outras crianças. Então constitui o Mupa, que hoje ajuda milhares de famílias. No início cedi minha casa para que pudessem realizar os atendimentos. E, com o crescimento do número de crianças, foi necessário levarmos os atendimentos para outro lugar, para assistir outras famílias que, assim como eu, não dispunham de muitos recursos para o tratamento de sua criança. Hoje me sinto alegre por tudo que fiz pelo meu filho e também pelas famílias que procuraram o Mupa e ainda procuram.

"Termino este pequeno relato sobre o Luiz Vitor Jesus dos Santos, autista, sobre sua evolução e superação, e que atualmente cursa o segundo ano do ensino médio.

"Deixo um pensamento que me ajudou muito a não desistir de lutar: Nunca deixe de acreditar nos milagres de Deus".

3.3 Acreditei que era possível

Quando tudo parece desmoronar, é importante não se deixar abater; e entender o propósito por trás da situação. Foi essa atitude que Jaciara teve quando tudo parecia desabar ao seu redor. A decisão de como lidar com isso é sempre nossa.

"Iniciei no Mupa em dezembro de 2014. Fui convidada pela tesoureira Jéssica Miranda para trabalhar como voluntária, no setor administrativo, no horário da tarde. Já trabalhava no terceiro turno de uma empresa das 17 h à 1 h da manhã e fazia faculdade de Engenharia de Produção pela manhã. Com isso, restava apenas o horário da tarde para poder realizar o trabalho voluntário no Mupa.

"Passei a conciliar meus horários, e, por ser uma pessoa bastante ativa, aos poucos fui adquirindo conhecimento do que se tratava o transtorno do espectro autista, mas confesso que a princípio não sabia muito o que era o autismo. Sabia de sua existência porque minha prima Socorro Santos tem um filho especial, chamado Luiz.

"Nos primeiros momentos no Mupa, fiquei na recepção. Trabalhava à tarde; e uma outra recepcionista, pela manhã. Mas o inesperado aconteceu: a recepcionista se desligou da instituição, e no mesmo período fui desligada da empresa onde trabalhava. Foi aí que resolvi ficar trabalhando no Mupa em período integral. Tive meus momentos de dificuldade com a perda do meu emprego, e por este motivo acabei trancando minha faculdade.

"A Socorro, minha prima, citada anteriormente, era presidente da instituição, e na época tínhamos uma parceria que nos ajudava com os aluguéis e outras despesas. Contudo, tivemos o rompimento da ajuda e tivemos que sair do local, pois teria início outro projeto diferente ao do Mupa.

"Tínhamos que ir para outro local e dar continuidade ao projeto, mas nossa situação naquele momento não era das melhores. Socorro, que era a presidente, também estava desempregada, e a vontade de desistir era grande. Como manter o Mupa quando todas as portas se fecharam? Como daríamos continuidade sem recursos? Então, em um sábado cuja data não recordo, Socorro estava fazendo sua carta de renúncia. Como já estava bem familiarizada com os pais das crianças que eram atendidas no Mupa, foi então que souberam da situação difícil que estávamos vivendo e pude ver o desespero e a tristeza deles naquele dia.

"Cientes da situação, os pais pedem para que eu assuma a presidência do Mupa, com isso teria a colaboração deles. Confesso que no momento senti medo de não conseguir e de ser pressionada e não dar conta. Foi quando a Socorro decidiu que iria trabalhar em outro lugar para podermos pagar os custos da instituição. E, para me manter, realizava condução escolar para as crianças autistas, pois havia uma grande recusa de outras conduções em transportar autistas. E, de alguma maneira, isso ajudou os pais, que com muita dificuldade conseguiam encontrar alguém que quisesse assumir tal responsabilidade.

"Atualmente sou a presidente do Mupa, e nesta caminhada sei o quanto ainda teremos de grandes desafios e quão gratificante é cada conquista. Ver a felicidade dos pais e das crianças e adolescentes que estão no Mupa podendo ter um acompanhamento adequado, isso é que me motiva!"

3.4 Desistir nunca foi uma opção!

A história que a assistente social e especialista em psicopedagogia Vivian Araujo trilhou parecia intrafegável, mas sua dedicação e seu compromisso com o ser humano fizeram que esse caminho se tornasse propício a uma caminhada lenta mas segura em atingir seus objetivos.

A convicção daquilo que foi chamada a realizar iniciou em 2012 como mediadora em escolas e também em tempo integral na família. Ela se emociona quando fala das crianças que pode ajudar, trazendo luz, como a do conhecimento, para vida delas. Seu primeiro trabalho como mediadora foi com Ronald Lima, autista leve, não verbal, e ficou três anos com ele.

Vivian lembra que nessa época, na cidade de Manaus, falar sobre autismo era um grande desafio. Teve ajuda da psicopedagoga Denise Teperine, que tomou para si como missão formar profissionais na área de mediação em todo o estado do Amazonas, dedicando seu tempo a famílias que, sem recursos, necessitavam de orientações pedagógicas.

Segundo o relato de Vivian:

"Ronald hoje é um adolescente que, através dos cuidados de sua família e do acompanhamento de uma mediadora, obteve grandes avanços.

"Com isso, a cada dia me conscientizava de que estava no caminho certo".

Luis Guilherme, diagnosticado com transtorno opositor desafiador, talvez tenha sido seu maior desafio, trabalhou com ele durante seis anos.

"Superar a barreira entre a criança e a figura de autoridade foi desafiador para mim".

Esse transtorno é identificado como padrão recorrente de comportamentos negativos, como desobediência, irritação e desafio.

"Lembro o primeiro dia com Luis Guilherme: a cabeçada no rosto e o maxilar quase quebrado. Hoje parece até ser engraçado, mas sabia que teria grandes desafios pela frente. Normalmente esse comportamento é identificado em crianças e direcionado a uma figura de autoridade, como, por exemplo, os pais e os professores. Para isso, é preciso ser claro sobre as regras e ordens dentro de casa. Ter uma postura firme, mas, ao mesmo tempo, respeitosa e buscando estabelecer os limites com clareza.

"Foi assim que trabalhei em parceria com a mãe e os professores de Luis Guilherme, e sempre tendo o auxílio da especialista Denise Teperine na construção de materiais educativos. Com paciência e dedicação, muitos dos objetivos propostos foram alcançados. Luis Guilherme prossegue ainda tendo algumas dificuldades, porém conquistou sua independência em muitas áreas de sua vida".

Em 2015, trabalhou com o Lucas, na época com 11 anos e cursando o ensino fundamental.

"No início Lucas tinha muita dificuldade em acordar devido à insônia e à medicação que tomava. Tinha uma boa fala, mas com muita dificuldade em iniciar qualquer coisa; precisava ser estimulado tanto para iniciar como para finalizar alguma coisa. Passava a maior parte do tempo dormindo em sala de aula; devido a isso, passou a estudar no período vespertino. O difícil mesmo foi encontrar uma escola que tivesse apoio pedagógico voltado para crianças com dificuldades para fazer uma intervenção adequada. Lucas fez o sétimo ano, o oitavo ano e o ensino médio sempre com a intervenção de uma mediadora, e em casa com acompanhamento nas atividades".

"O desenvolvimento do Lucas se deu por meio de muita orientação, chegou a fazer o PSC [Processo Seletivo Contínuo]; sua mãe e eu sempre acreditamos em seu potencial. No último ano do ensino médio, tive que trabalhar com Lucas de maneira mais específica devido à pandemia e às dificuldades que tiveram com as aulas on-line, e preparando ele com leituras para novamente enfrentar o PSC".

"Lucas lia um capítulo de um livro e fazia o resumo para desenvolver assim sua escrita. Lembro que ele chegou a ler todos os livros de C. S. Lewis, *As crônicas de Nárnia*; assistíamos a documentários relacionados a vários temas concernentes à história do Brasil, violência contra a mulher, e o assunto em pauta eram as consequências que o

Brasil estava enfrentando com a pandemia. Tudo isso para que sua linguagem escrita pudesse se desenvolver da melhor maneira possível, afinal o intuito era fazer uma boa redação no PSC. Foram vários meses de preparo, em que Lucas se abriu para o conhecimento, e assim despertou o interesse para novas realidades que até então lhe eram desconhecidas. O que seria apenas [uma preparação para] uma boa redação [virou para] Lucas um conhecimento de vida.

"E finalmente chega o dia da prova tão esperada. Depois de terminada a prova, Lucas chega para sua mãe e diz: 'Mãe, a prova foi tudo que eu e a professora Vivian estudamos e escrevemos'. Lucas fez uma prova suficiente para entrar na Universidade Federal do Amazonas [UEA] para Língua Inglesa".

Aquilo que parecia impossível aos olhos das pessoas, com a dedicação da professora Vivian e os pais de Lucas acreditando em seu potencial, fez-se possível e presente em sua vida.

Vivian emociona-se quando fala desta conquista, mas traz-nos um alerta: tanto nas escolas como nas universidades, o despreparo ainda é grande para receber estudantes com dificuldades, e a luta com o Lucas continua para que conclua sua graduação.

Vale a pena lembrarmos aqui o lado do autismo que ninguém vê, as dificuldades internas por que muitos passam por não conseguirem explicar o que acontece com eles mesmos, e isso se torna grave devido à falta de compreensão do outro, trazendo muitos prejuízos, em casa, no trabalho, na escola e na sociedade. As dificuldades são invisíveis, e sem um autoconhecimento eles sofrerão julgamentos equivocados pela frustração de não conseguirem dar o seu melhor devido às dificuldades e às limitações.

Sabemos que a luta é diária e que o trabalho de autoconhecimento e conscientização do autismo faz toda diferença tanto para os que são diagnosticados como para os que convivem com eles.

3.5 O amor suporta todas as coisas!

Viver de uma forma esperançosa e com fé de que as coisas sempre darão certo é a mais pura realidade de quem tem plena confiança nos planos de Deus. A história de Rogéria faz com que acreditemos que o amor suporta todas as coisas e que, com paciência, nós conseguimos ir mais longe do que o esperado.

Mateus vive em um lar amoroso e acolhedor. Sua mãe, Rogéria, e seu pai, Orlean, estão juntos há 20 anos.

"Mateus nasceu no dia 25 de maio de 2011, na cidade de Manaus, de cesariana, pesando 3,750 kg, e era perfeito. Durante o parto, não percebi nada fora do normal. Somente o relato de meu esposo dizendo que o Mateus demorou um pouco para chorar. Contudo, o pediatra plantonista deixou claro que tudo transcorreu normalmente".

"Após três dias, saímos da maternidade cheios de alegria e com muita saúde. Ele se desenvolveu como uma criança normal. Não engatinhou, porém com 8 meses andou e com 1 ano falou as primeiras palavras. Criança ativa, esperta e carinhosa. Dormia bem, comia de tudo e não apresentava nenhuma dificuldade até completar 1 ano e 3 meses".

"A partir daí, começamos a investigar o silêncio de Mateus achando que poderia ser o trauma que sofrera ao cair na porta do banheiro, batendo a cabeça, pois desde esse dia não falava mais. Levamos Mateus ao pediatra que o acompanhava desde o nascimento, e este afirmou que não tínhamos motivos para preocupação: era uma fase, por ser filho único, e que, ao ingressar na creche, iria avançar. E, por ser mãe e professora, esperava muito de Mateus".

"Mateus foi matriculado em uma creche municipal. Como professora na rede pública de ensino, pedi minha remoção para que ficasse mais próxima, e isso facilitaria a logística de minha rotina. Ele iniciou no Maternal 1. No começo, período de adaptação, ele chorava muito, pois não queria ficar; passou pela fase de adaptação, e nunca nenhuma das professoras comentou nem escreveu nada diferenciado na agenda".

Seis meses passaram-se do ano letivo, e aconteceu um fato que mudou a vida de Rogéria e Orlean:

"Lembro como se fosse hoje. Em meados de novembro as duas professoras se ausentaram por motivos particulares e a creche não liberava a turma; foram para a sala dois profissionais para substituir os docentes, a psicóloga e a assistente social da creche. Naquele dia, no final do turno, fui buscar o Mateus, como todos os dias, mas a psicóloga em particular disse: 'Precisamos conversar informalmente'. A conversa iniciou com ela relatando as seguintes características: 'O Mateus chorou o dia todo, não aceitou bem a ausência das professoras; teve sono agitado; não aceitou o toque e, na hora do banho, só gritou'. Fiquei surpresa e relatei que as professoras nunca sinalizaram nada e perguntei o que ela achava que o Mateus tinha. A psicóloga da escola suspeitava de TDAH [Transtorno do Déficit de Atenção com Hiperatividade]. Eu, nos primeiros momentos, fiquei muito triste e chateada por não ter sido comunicada antes, mas depois compreendi que as colegas não fizeram por mal".

"No dia seguinte, nossa jornada em busca de diagnóstico iniciou. Agendei uma neuropediatra, que, para nossa infelicidade, era uma profissional totalmente despreparada para nos informar de maneira adequada o problema de nosso filho. A médica perguntou para mim: 'Você não sabe o que seu filho tem? Tem certeza? Desde que vocês chegaram à recepção, eu estou sabendo o que ele tem'. Ficamos surpresos com tantas indagações. E depois perguntou nossa profissão... Quando falei que era professora, ela simplesmente afirmou: 'Então você não quer ver!'".

"A consulta foi muito difícil; a médica começou a imprimir vários papéis solicitando exames, receitas, e continuou falando, e pediu que deixássemos o Mateus à vontade. Daí nos olhou nos olhos e disse: 'Seu filho tem autismo infantil. Vocês sabem o que é? São crianças que não interagem, só gritam, soltam sons, são agressivas, agitadas, não olham nos olhos, andam nas pontas dos pés e balançam os braços. E mais, caso estejam pensando em ter outros filhos, melhor esquecer, pois o próximo seria igual ou mais severo'"..

"Ela chegou a comparar o Mateus com o personagem de uma novela que estava passando na época. Meu esposo estava calado, até que disse: 'Não viemos aqui para tratar da nossa vida pessoal. Queremos saber o que o nosso filho tem para poder ajudá-lo'. Todavia, a médica continuou afirmando que meu filho seria dependente de mim para sempre. Foi quando me alterei e respondi: 'A senhora não me conhece, nem conhece a minha família. Queremos saber o que precisamos fazer para ele avançar'. Ela nos entregou um monte de papéis e pediu que procurássemos uma psicóloga urgentemente e retornássemos em seis meses, sem esperanças de novos avanços, e que eu teria sorte se meu marido estivesse junto na próxima consulta".

"Saímos do consultório arrasados com a quantidade de barbaridades que ouvimos por 1 hora e 30 minutos. Chorei o trajeto todo para a casa da minha mãe. Meu esposo ficou em silêncio, tentando assimilar a situação".

"Resolvemos ir à pediatra para ouvir uma segunda opinião. Esta nos sugeriu outra neuropediatra. Fomos e tivemos o mesmo parecer: sua criança tem autismo. Mas desta vez de maneira mais suave".

"Decidimos procurar imediatamente atendimento fonoaudiológico e psicológico para o Mateus. Deus enviou dois anjos em forma de pessoa que nos acolheram e acreditaram, como nós, que nosso filho iria avançar. Nossa jornada só iniciava, e fomos com toda garra vencendo os desafios".

"Com seis meses de tratamento com o fonoaudiólogo, foi maravilhoso. Mateus voltou a falar pequenas palavras, mostrando que nada é impossível quando trabalhamos em conjunto: família, equipe multiprofissional e escola. Começamos a pesquisar, ler e procurar cursos para ajudar o Mateus. Foi quando conheci o Mupa. Lá realizamos vários cursos, oficinas e um curso de Mediadores Empíricos, com outra profissional maravilhosa, Denise Teperine, e um diferencial: aprendemos na teoria e na prática. E juntos, como um casal, conseguimos concluir os dez módulos. Tudo que estudamos no Mupa foi colocado em prática em casa, e vimos quanto deu certo, parecia mágica".

"Mateus iniciou o atendimento com terapeutas excelentes e que até hoje fazem parte da nossa história. Percebemos que a parceria é primordial para avanços significativos. Tivemos, também, durante esses oito anos, momentos de crise constantes. Mateus já se machucou feio em uma de suas crises, chegando a cortar o braço no vidro da porta. Tivemos que reestruturar nossa casa, evitando acidentes. Outro desafio é o ajuste de medicação, no qual ocorre a melhora de alguns [sintomas], mas que causa efeitos colaterais. Uma luta até hoje. Temos dias tranquilos e dias desafiadores".

"Atualmente Mateus tem 11 anos. Já fala bem, consegue se expressar, apresenta autonomia, canta, dança, gosta de animais, adora ganhar presentes principalmente pelúcias. Seus brinquedos preferidos são a turma do Mickey Mouse e Toy Story. Alimenta-se sozinho, não usa fraldas, dorme no seu quarto sozinho, escolhe o que quer vestir e comer, escreve seu primeiro nome, conta até 30, está começando a juntar as letras para ler, aprendeu a nadar e monta quebra-cabeças com cem peças. Continua realizando as terapias, atividades físicas, frequenta escola regular e vivendo cada dia de maneira única, vencendo os desafios e festejando os avanços".

3.6 Quando a profissão se torna um ato de amor

A história da pedagoga Maria Elane de Souza Alencar mostrará a nós a importância de ter escolhido a profissão certa. Sabia de seus desafios, mas sabia também de sua importância na vida de cada criança que passaria pelos seus cuidados. Ela nos contará como tudo aconteceu.

"Desde a época da minha graduação em Pedagogia, tudo me levava para o caminho da educação especial ou inclusiva, acho que mais inclusiva do que especial. Mesmo no estágio obrigatório, eu sempre ficava com as crianças que tinham dificuldades em matemática; elas ficavam de lado por não conseguirem acompanhar a turma, daí eu as ensinava com meus métodos próprios, pois tive dificuldades em matemática, entendia os problemas na cabeça, mas não sabia passar para o papel. Ensinava como eu gostaria, e achava que eu iria entender quando era criança. Então, a partir do momento que as crianças com dificuldades desenvolviam a resiliência necessária para resolver uma questão de divisão, a confiança delas aumentava e passavam a acreditar nelas mesmas".

"Me lembro que na mesma época ajudei a estruturar a sala de recursos da escola na qual estava estagiando na educação fundamental dos anos iniciais (primeiro ao quinto ano), uma escola da rede estadual do Amazonas. Busquei a fundamentação teórica na época para o projeto".

"Quando iniciei como professora na rede municipal de Manaus, já iniciei na Educação Infantil, fase creche, e já fui presenteada com uma criança com transtorno do espectro autista, transtorno opositor desafiador: criança sem afetividade, sem noção da sua força, sem noção de dor. Esse é o Estebão".

"Eu ainda uma formanda no curso de Mediadores Empíricos da professora Denise Teperine, no Mupa, e já com um desafio que seria um divisor de águas na minha vida, sempre me perguntando se continuaria ou desistiria da vida de mediador, mas o mediador de verdade não se a dá opção de desistir; no meu caso, eu pensei: vou salvar o mundo, sim, o mundo do Estebão. Pode não ser muito para o universo, mas sim para a mãe do Estebão, para os colegas com os que iria conviver por um tempo e para as próximas professoras que viriam para somar ao que já havia desenvolvido".

"Então começo minha saga. O Estebão entrava na creche e, quando chegava à frente da nossa sala, se jogava no chão, esperneava e chutava todos ao redor, em seguida ele entrava correndo e dava uma voadora na vidraça da sala, pois nossa sala de referência tem a parede dos fundos toda composta por blindex, e ficava gritando, um grito agudo e longo que apavorava as outras crianças, que nessa hora já estavam aos prantos e se tremendo, e essa cena foi se repetindo por dias. Comecei então um processo de muito diálogo com a equipe diretiva, com a família, mas a família não sabia o que fazer, a mãe tinha medo da criança, então fazia tudo para que ela ficasse calma, mas ele nunca ficava calmo, e o pai usava a força física para tentar controlá-lo".

Dias difíceis chegaram para Elane, mas, como profissional e convicta de que poderia fazer algo pela vida de Estebão, começou o processo de autoconhecimento.

"Então comecei a perceber seus gostos, começando um processo através do ponto de interesse do Estebão. Todos os dias chegava sempre 30 a 40 minutos antes do horário de entrada das crianças, colocava essências de lavanda na sala, rezava muito pedindo iluminação divina, me alongava, em seguida colocava o tablet para rodar vídeo de bom-dia. Ele amava tecnologias. No primeiro dia que coloquei o tablet no final da bancada da sala, ele ainda se jogou na porta da sala, mas aí eu o alertei para o tablet, então ele correu, deu a voadora na vidraça e não gritou, e foi assistir ao vídeo. Já melhorou a situação com as outras crianças; elas entravam na sala ainda se tremendo, mas não chorando".

"Os dias se passaram, e o Estebão já entrava sem escândalos, aí direto para o tablet. Até chegar ao ponto que ele ia para o tatame sem o tablet. Na convivência diária com os colegas, Estebão tinha prazer em bater, ele levantava rapidamente, puxava o cabelo da colega, sempre menina, e voltava a brincar com o Zoelio, e gostava de socar na barriga. Quando eu ia conversar com Estebão do porquê ele batia, ele começava a gritar e chorar e se tremer, então sempre o abraçava forte, ficava o cheirando próximo da orelha, ele ia se acalmando, daí eu pedia abraço, e explicava que era assim que devia fazer com os colegas. Foram muitos abraços, muitos cheiros, muito suor, muita dor na coluna, dor na cabeça, até que Estebão começa a me abraçar espontaneamente. A partir desse ponto, pude trabalhar a questão da dor: apesar de ter apenas 3 anos, ele tinha muita força, então, quando ele pegava na minha mão, eu dizia que estava doendo e estava forte, pareando com atividade de coordenação motora fina, utilizando sempre os três Rs: Rotina, Repetição e Relaxamento. Por tanto, o relaxamento demorou, mas chegou".

"Estebão já dormia na hora do soninho, já sabia abraçar os colegas, já segurava na mão dos colegas sem machucar, mas aí tinha as apresentações no pátio todas as sextas; com isso, vieram as sobrecargas visuais, sensoriais, auditivas, painéis coloridos, som alto, microfonia da caixa de som, calor, suor, variadas cores dos painéis e cartazes. O Estebão até suportava o turno da manhã, difícil era sentir repetidamente no mesmo dia as mesmas sensações que o desregulavam, pois ficava no turno integral. E haja conversa com a equipe diretiva! Mas Estebão continuava indo para o pátio também no contraturno, mas, quando eu percebia que Estebão estava no seu limite, tirava-o daquele sofrimento, e acalmava-o com água, banho demorado, abraços apertados".

Estebão teve suas conquistas e pôde superar suas limitações por meio do profissionalismo e do amor da pedagoga Elane. Sem dúvida, Elane também pôde aprender que é possível superarmos a nós mesmos quando se sabe para o que veio.

3.7 Fazer o bem sem olhar a quem!

Outra história que é inspiradora é da pedagoga Valdenice Souza dos Santos Oliveira, que em momentos de desafio não retrocedeu; arregaçou as mangas e decidiu lutar com outros profissionais, pais e mães que não sabiam por onde começar até chegar o socorro.

"Minha trajetória no âmbito profissional se deu com a necessidade de um emprego. Minha experiência no âmbito profissional TEA começou quando a mãe de um aluno me convidou para uma seleção e entrevista em uma instituição. Depois de uma semana, comecei a trabalhar; meu plano de trabalho no primeiro momento era acompanhar as famílias dos alunos inseridos no projeto e, através da entrevista social, pude fazer um levantamento do perfil socioeconômico de cada família, e assim realizar as visitas domiciliares".

"Durante uma semana, pesquisei sobre autismo, o que era, como trabalhar com esse público. A partir de então, comecei a observar os comportamentos de cada aluno, e confesso que me assustei com a agressividade dos mais severos, tive medo, pensei em desistir. Mas naquele momento encarei como oportunidade e conhecimento, experiência profissional, e despertou em mim a vontade de ajudar de todas as formas aquelas crianças/adultos e suas respectivas mães com emocional adoecido, autoestima baixa".

"Foi criada uma ferramenta de trabalho, uma ficha de acompanhamento profissional, e levantamento do perfil de cada aluno, e a pergunta que vinha sempre a minha mente era: de que forma o nosso trabalho poderia avançar? Confesso que foi desafiador. Mas logo tínhamos o diagnóstico de cada aluno, e consequentemente fui organizando atividades específicas para cada um dentro dos seus aspectos e suas necessidades".

Como resultado, Valdenice obteve respostas positivas para cada aluno e família, tornando prazerosa toda atividade e todo atendimento com cada profissional.

"Durante o trabalho de três anos realizado na instituição, foi possível observar um considerável desenvolvimento do aluno autista. Por meio de práticas pedagógicas diferenciadas, a criança/adulto tem apresentado uma maior socialização, mais autonomia e progresso em sua aprendizagem. O acompanhamento das famílias e dos alunos diários revelou quanto é necessário um profissional de apoio preparado que busque alternativas criativas, lúdicas e adaptadas para facilitar a aprendizagem das crianças/adultos com o transtorno".

Além disso, Valdenice pôde observar a importância de criar relações afetivamente significativas e positivas com os alunos autistas, uma vez que o profissional de apoio é o seu mediador na escola regular de ensino.

"Esses profissionais são responsáveis por transmitir o conhecimento de forma que o aluno entenda, favorecendo a sua confiança, autonomia e interação social, que são primordiais para o seu desenvolvimento geral. Por fim, deve-se destacar que cada criança/adulto autista é diferente e que, portanto, faz-se necessário conhecer as suas particularidades, a sua personalidade, o que facilitará a comunicação e o trabalho com eles".

3.8 Meu filho é autista: e agora?

Chegou a vez da história de Vanessa Pedroso em que ela teve de se perguntar se seu filho era uma criança especial, e encarar essa possibilidade não é tarefa fácil para ninguém. Contudo, o amor de uma mãe não encontra dificuldades para lutar por um filho.

"Conhecer José hoje, entendendo as dificuldades de sua condição inicial, é inspirador. É animador constatar que uma família, mesmo despreparada para lidar com um filho, querendo e tendo força de vontade, pode aprender. Éramos três, eu, meu esposo, Braulio, meu filho mais velho, Heitor, quando José nasceu. Tive uma gravidez meio conturbada, com muitas idas e vindas à maternidade na tentativa de conter um parto prematuro, mas que consegui segurar até a 40.ª semana. Assim que veio para meus braços, ele iniciou a amamentação. José mamou até os 2 meses".

"No primeiro ano de vida, não apresentou nenhum problema em seu desenvolvimento. Algo que achávamos diferente era o fato de ele ficar muito tempo no berço, o que na ocasião era muito cômodo; e a comemoração de seu primeiro aniversário ter sido um fiasco. Durante a festa, José agarrou-se ao meu pescoço, chorando muito e escondendo o rosto no momento em que cantávamos os 'parabéns', até então aparentemente normal. Mas comecei a perceber um comportamento muito arredio. Não ia com ninguém, era uma criança muito irritada. José não batia palminhas, nem fazia gracinhas, não suportava determinados sons e, o que mais nos incomodava, ele não falava, não emitia nenhum tipo de som, simplesmente chorava, chorava muito".

"Com o passar do tempo, essas características, entre outras, foram ficando mais marcantes. Em relação à alimentação, se lhe davam um biscoito, ele lambia, não mordia. Aos 2 anos, José podia ficar duas horas sentado na mesma posição com um objeto como se o resto do mundo não existisse. Com o comportamento irritado, que se acentuava dia a dia, ficava cada vez mais difícil o convívio social. Não conseguíamos ir a shoppings, passeios em parques, reuniões com amigos".

"Na nossa viagem de reencontro com familiares, o comportamento de José diante da família causou estranheza e uma certa aflição. Ele não aceitava a aproximação de outras pessoas que não fossem nós. Este e outros fatos foram me mostrando um jeito de ser 'diferente' de meu filho. Na época tínhamos uma babá muito atenciosa, que já havia cuidado de uma criança autista, e ela já nos comunicava certas particularidades no comportamento de José. Foi quando decidimos procurar ajuda... Mas que tipo de ajuda? Não sabíamos nem por onde começar".

"Decidimos consultar o pediatra, com a certeza de que nos diria o que precisávamos saber. Ele confirmou que José não apresentava nada de anormal no seu desenvolvimento físico e nos recomendou que o levássemos à escola. Isso pareceu ainda mais desesperador. Nem imaginaria meu filho em nenhuma escola naquela situação. Dramatizei uma possível culpa devido à descoberta de um problema sério com meu filho. Nem conseguia encará-lo, brincar com ele, olhar nos olhos. Fiquei dois dias trancada no quarto chorando. Mas percebi que angústias e culpas não resolveriam o problema. Me arrebatava um sentimento de pena avassalador. Não posso definir o que senti quando soube que meu filho poderia ser autist"a.

"Em uma das observações que fazia dele, comecei a rezar e percebi que nunca, de verdade, realmente havia conversado com Deus, simplesmente fazia orações prontas. Foi quando, do fundo do meu coração, entreguei a vida do meu filho a Ele, e pela primeira vez eu estava em oração. Pedi a Deus que me ajudasse. Não pedi a cura, pedi que me orientasse a prosseguir. A ajudar meu filho a caminhar. De que maneira poderia ajudá-lo? Na mesma hora me vieram as palavras do pediatra: 'Leve-o à escola'. Então fui à escola do meu filho mais velho e contei toda a situação. Eles me orientaram a procurar uma clínica com vários profissionais, inclusive fonoaudiólogo. No outro dia lá, estávamos nós na clínica para fazer o primeiro atendimento com o fonoaudiólogo, profissional que o acompanha até os dias de hoje. Seria o início de uma longa caminhada. Os primeiros atendimentos foram muito difíceis, o que já seria esperado. A primeira tarefa para casa seria ensinar José a apontar. Apontar para objetos próximos e distantes e nomeá-los. O estímulo precoce da criança com deficiência é essencial, a família não deve perder tempo. Quanto mais precoce o estímulo, melhor".

"Após algumas sessões, nos foi orientado a levá-lo ao psicólogo, e assim fizemos. Outra dificuldade que também precisava ser superada. Essas sessões foram ainda mais difíceis. Alterações no comportamento eram bem marcantes. A rotina era bem complicada, inclusive na hora do sono, que parecia nunca chegar. Procurava cansar José ao máximo para que ele dormisse cedo, mas só parecia piorar. Me trancava no quarto às 19 h e saía 22 h, depois de muitos pulos, piruetas e choro. Só depois de algum tempo perceberia que estava fazendo tudo errado.

"Tudo o incomodava. Ao ouvir o barulho do liquidificador, do chuveiro, José fazia movimentos giratórios, balançava as mãozinhas, dava pulinhos. A presença de qualquer pessoa que não fosse de casa motivava gritaria, quedas, desregulação. Ao sair pelo condomínio, tínhamos que desviar de pessoas para evitar tais comportamentos. E ele só permitia que durante o passeio fizéssemos movimentos em sentido horário da via. Em momentos de raiva, José jogava objetos para todos os lados, sempre com muito choro, gritaria e quase nenhuma comunicação.

"Mesmo com o acompanhamento de dois profissionais, continuávamos sem um diagnóstico e ainda meio perdidos sobre o comportamento de José. Fomos nos isolando por não saber lidar com certas situações, na maioria das vezes, desagradáveis, seguidas de gritarias e total desespero. Comecei a ler muito sobre o assunto (autismo), mas sem saber como aplicar os conhecimentos. Assisti a várias palestras, inclusive sobre ABA; parecia que nada se encaixava".

A sigla ABA que Vanessa cita em sua história significa o Estudo da Análise do Comportamento (*Applied Behavior Analysis*, em inglês). É considerada a ciência aplicada com os melhores resultados para diminuir déficits comportamentais e cognitivos em pessoas com transtorno do espectro autista (embora não limitada a esse público).

"A essa altura, a família já sabia dos acontecimentos, e minha cunhada ficou sabendo de uma profissional que trabalhava com crianças especiais e que oferecia um curso. Entramos em contato, e ela nos atenderia em domicílio. Quando ela entrou em casa, José estava no quarto brincando com carrinho, como sempre fazia (e fazia por longos períodos). Logo contamos nossa trajetória até ali e tentamos preveni-la de como seria o primeiro encontro, provavelmente desastroso, como com outros profissionais. Contrariando o que já havíamos visto, ela foi se chegando, em silêncio, pegou um carrinho e começou a fazer os mesmos movimentos que José fazia. E ele correspondeu. Sem choro, sem se jogar no chão, sem bater a cabeça na parede, sem jogar objetos. E essa pessoa me declarou a primeira frase que motivaria quase que toda a minha empreitada: 'Ele não tem diagnóstico. Podemos não saber o que ele tem, mas sabemos das dificuldades dele, então vamos trabalhá-las'. E foi assim, sempre nos motivando, que a psicopedagoga Denise Teperine, um fantástico ser humano, uma pequena grande mulher, mudaria nossa vida".

"Durante nossos encontros, ela percebeu meu total despreparo, ao mesmo tempo muita força de vontade em ajudar meu filho, mas também desesperada para dar resolutividade. Meu esposo acreditava na melhoria, mas tinha dificuldade de lidar com a situação. Foi então que

Denise recomendou que a babá de José iniciasse o curso Mediadores Empíricos, ministrado por ela, enquanto nos orientava a trabalhar as arrelias de José. Não muito distante, eu também faria o curso, e o fiz."

"Passei a viver em função disso. Contava os dias pelas sessões de terapias, e não pelos dias da semana. Sempre ansiosa pelo próximo dia. E claro: esse comportamento comprometeria meu relacionamento conjugal e maternal com meu filho mais velho. Aos poucos fui entendendo e aprendendo a encontrar o equilíbrio. Com altos e baixos, minha vida também tinha de seguir seu rumo".

"O aprendizado de José se deu e ainda se dá pela vivência. Ele precisou aprender fazendo, reconhecendo as pessoas, objetos e ambientes que o rodeiam. Tudo começou com estabelecermos uma rotina consistente. José era muito visual. A antecipação dos acontecimentos com imagens e explicações simples fluiu muito bem. Começamos a inseri-lo nas atividades do dia a dia. O primeiro momento do dia a ser ajustado seria a hora do sono. Os momentos que antecediam a hora de dormir precisaram ser regulados com atividades mais tranquilas. Denise inseriu músicas suaves para que ele entendesse que este momento havia chegado. Introduzimos também a leitura. No início nada parecia funcionar, mas eu estava perseverante. Fazia a leitura do livro *Os três porquinhos*, depois, com as luzes apagadas, cantava musiquinha enquanto José brincava, saltitava pelo quarto".

"Foram vários dias, alguns meses para que o resultado aparecesse. E, como um milagre, José começou a entender a rotina, banho, jantar, pijama, leitura, luzes apagadas, música, sono. Precisei plastificar o livro para que não fosse desfeito durante um ano de leitura... Isso mesmo, fiz a leitura de mais de um ano do mesmo livro, todos os dias. A cada leitura, tentava o fazer perceber novos detalhes, como a quantidade e cor das árvores, o comportamento dos porquinhos e o sopro do lobo. José realmente começou a gostar e se interessar pelo livro".

"Fizemos adaptações pela casa com pistas visuais da rotina, do banho, do lavar as mãos, ir ao banheiro. Quase tudo, viagens, passeios, idas ao pediatra, parquinhos, piscina, terapias, era antecipado com imagens e brincadeiras".

"Durante minha participação no curso, tive a oportunidade de colocar em prática os ensinamentos e compreender melhor os comportamentos de José. Parei de tentar interromper as estereotipias que ainda me incomodavam, e entendi que meu filho precisava delas para se regular. Percebi também quanto somos invasivos na vida dessas crianças. Aos 3 anos, tivemos a confirmação com o primeiro diagnóstico de autismo. Fomos parabenizados pela médica por intervir precocemente. José não precisou iniciar nenhum medicamento. Não demorou muito tempo do primeiro diagnóstico, fomos à procura de outras opiniões, que nos acrescentaram TDAH, atraso no desenvolvimento e na fala. Por último, aos 7 anos, com diagnóstico de imaturidade na audição central, a qual interfere no aprendizado escolar, principalmente no processo de leitura e escrita".

"As atividades de estímulos eram diárias, incluindo exercícios físicos, pular, subir, escalar. Fui confundida com *personal kids* pelas atividades que fazia com meu filho pelo condomínio. Todos os dias superávamos obstáculos, uma ida ao supermercado, caminhadas ao ar livre, idas à feira, ao shopping; aumentávamos a frequência, mas com controle no tempo de permanência. Procurávamos sempre respeitar os limites de José. Assistia a meu filho brincar pelo condomínio com crianças".

"Começamos a nos comunicar, a compreender suas inseguranças, e os momentos de raiva e desregulação foram diminuindo. A fala ou a falta dela ficou em segundo plano, já que uma comunicação respeitosa havia se iniciado. Lembro-me da primeira vez que José nos comunicou uma vontade, uma solicitação. Sempre antes das sessões com Denise, colocava sua foto na porta de entrada informando que logo ela chegaria. Um determinado dia, José pegou a foto e ele mesmo tentou pregá-la na porta. A intenção, se ele falasse, seria dizer: 'Mamãe, quero brincar com a Denise. Ela não vai chegar?' Esse dia emocionou a todos. Chorei".

"Trabalhos manuais eram diários, fazer bolinhas de papel, brincar com objetos coloridos, massinhas, pompons, pinturas (ele adora), desenho livre, jogos. Atividades que acalmavam, mas, ao mesmo tempo, estimu-lavam coordenação e concentração. Já conseguíamos montar estratégias para irmos a festinhas de aniversário sem que José ficasse debaixo da mesa escondido e com episódios de diarreia, de tanto medo. Tínhamos que ser os primeiros a chegar, sem barulhos, vozes e música, para que aos poucos ele fosse se acostumando com o ambiente, e, claro, na hora dos 'parabéns', mantê-lo afastado".

"A primeira palavra veio inesperadamente. Não lembro mais o dia, mas não foi 'papai' nem 'mamãe'. Ele falou: 'ÁGUA'. Comemoramos muito esse momento e, a partir daí, esperávamos ansiosos para ouvi-lo todos os dias. Cada etapa vencida, subindo um degrau, e às vezes descendo dois, a vida sempre nos proporcionaria outros desafios, agora o de início da vida escolar".

"Tudo foi feito com bastante antecedência. A escolha da escola, visitação, reunião com a gestora e futura professora. Contamos com total compreensão e colaboração da equipe, que nos forneceu fotos do ambiente escolar e dos profissionais com quem José conviveria em ambiente. Tudo certo, data de início da adaptação escolar marcada, começamos um trabalho fantástico orientado pela Denise, fazer José se adaptar à rotina. Uma semana antes (e com a desaprovação do meu esposo, dizendo 'Para que isso?'), acordava no mesmo horário que seria o da futura rotina, arrumava bolsa e José. Com as imagens da entrada da escola presa no banco a sua frente, ia conversando sobre a escola, professoras e amigos, brincadeiras etc. Chegávamos à frente da escola e lá ficávamos por alguns minutos contemplando a entrada, o portão, as árvores, a rua".

"No primeiro dia de adaptação escolar, pasmem, ele entrou naturalmente e foi direto ao quintal, explorando os ambientes. Aceitou a professora. Ao término do primeiro dia, com apenas uma intercorrência, eu estava exausta mentalmente e fisicamente. Intercorrência que precisaríamos trabalhar. Ele teve dificuldades de encerrar uma atividade e iniciar outra".

"A adaptação ocorreu de maneira tranquila. O próximo passo seriam os dias de convivência com a turminha completa para o início das aulas. Já sabendo das dificuldades, nos antecipamos à rotina escolar e providenciamos imagens de cada etapa do dia a dia, e novamente contamos com a colaboração da equipe, que acolheu as orientações da Denise. A turma toda aderiu muito bem à rotina demonstrada e antecipada por imagens, foi um sucesso. Assim como em festinhas, precisávamos ser os primeiros a chegar para que o dia fluísse com 'tranquilidade'".

"Já na escola, José começou a apresentar outros centros de interesse, antes somente carros e bola. Ele começou a gostar de animais, mas animais de quintal: embuá, lesma, besouro, tatu-bolinha, lagartas, borboletas. As atividades em casa passariam a ser desenvolvidas através dos centros de interesse dele, sempre do conhecido para o desconhecido".

"Tivemos muitas dificuldades, a falta da fala dificultava o processo. Continuávamos sempre com auxílio das imagens para que houvesse comunicação. Após certo período, José já havia se acostumado com a rotina escolar, mas, a cada mudança, dávamos alguns passos para trás. Sempre tive muito suporte da Denise em todos os aspectos, e não me faltavam materiais para trabalhar com José em casa. Virei 'a louca' do material, comprando tudo que achava que poderia servir de estímulo em qualquer atividade. Minha casa ficou cheia de materiais de sucata. Eu mesma confeccionava os instrumentos para trabalhar".

"No início da pandemia da Covid-19, José estava iniciando o primeiro ano, iniciando o período de alfabetização da pior maneira possível. No período de *lockdown*, escolas e famílias tendo de se adaptar ao ensino on-line, mais um desafio que a vida nos impunha, com toda certeza um dos períodos mais difíceis em relação à escola... Parecia que não ia engrenar. Com ele em casa, pude perceber quais suas reais dificuldades diante do processo de iniciação da leitura e escrita. Como ele apresentava bastante resistência com a metodologia da escola em ler e escrever, tivemos de fazer um trabalho paralelo em casa, com orientação da Denise, seguindo o método fônico para a alfabetização".

"E, se nas aulas on-line as coisas não iam muito bem, em casa foi bem diferente. Mesmo sem possibilidade de sair de casa, já estávamos com bastante material para trabalhar durante a pandemia. Adotamos uma rotina de tarefas domésticas, e José estava incluído nela. Fazíamos bolo um dia sim e outro também, biscoitos em formatos variados, tipo letrinhas, estrelas, *cookies*, chocolates. Ele nunca comeu nada que era preparado, mas estava sempre ali participando de tudo, treinando coordenação motora, paciência, concentração. Ele se sentia prestativo. O que importava, no caso, era a satisfação que ele sentia em fazer algo cujos resultados eram visíveis".

"Limpávamos a casa (ele tinha uma vassourinha do tamanho dele), passava pano nos móveis, ajudava a arrumar a cama, colocar roupas na máquina de lavar separando por cores, dobrávamos roupas, tudo do jeitinho dele, e tudo bem. Esperávamos que ele finalizasse as tarefas, mesmo que depois tivéssemos que refazer a maioria delas. O dia terminava, e já fazíamos a antecipação do que faríamos no dia seguinte. Pouco usou as telas durante esse período. O retorno à escola era ansiosamente aguardado".

"A questão do uso de máscaras foi intensificada com bastante antecedência, e não houve recusa. Com o retorno às aulas, tivemos algumas resistências, a escola adotava uma rotina diferente para cada dia da semana, e não estava funcionando muito bem para José. Foi conversado, então, que ele precisaria da mesma rotina todos os dias: era o que funcionava muito bem para ele".

"José começou a ficar mais independente, era bastante estimulado na escola. Suas roupas escolares, incluindo toalha de banho, mudas de roupas, foram colocadas a sua altura para que pudesse arrumar a mochila para os dias de aula. Ele mesmo desarrumava a mochila quando chegava, colocando garrafinha de água na cozinha e roupas sujas no cesto. Tarefas escolares para casa não eram bem aceitas, mas às vezes conseguíamos fazer, às vezes não. Ele tinha muita resistência para a escrita, principalmente na letra cursiva. Na escola, quando havia total recusa para a realização da tarefa, era utilizado o recurso do desenho em substituição à escrita. O que não era feito na escola a professora mandava com recadinho na agenda para ser feito em casa".

"Atualmente já observamos interesse na leitura, continuamos lendo quase todas as noites antes de dormir, mas agora dividimos as páginas, leio uma e ele a outra, até finalizarmos o livro. Ainda prefiro livros com textos grandes e desenhos bem ilustrativos que chamem atenção. A leitura é sempre feita com entonação das vozes. Quando as histórias são longas, dividimos a leitura em vários dias, para não ficar cansativo. Ao final retornamos aos pontos principais, e sempre pergunto quem eram os personagens e qual o conflito entre eles (claro que utilizando outras palavras)".

"Nesse período escolar, José não precisou de mediador. A escola foi compreensiva e colaborativa em relação ao tempo das atividades. As avaliações foram adaptadas, confeccionadas em letras bastão, aplicadas em dois ou três dias. José se desregula quando, na realização de tarefas, percebe que terá que fazer várias folhas e as recebe ao mesmo tempo. Continuamos com atividades diárias de estimulação, mas agora focados no desenvolvimento de habilidades de interpretação e compreensão da leitura e escrita".

"Ele apresenta dificuldades em contar histórias, relatar fatos ocorridos e na construção de textos. Minha nova conquista será ensiná-lo a manter diálogos cada vez mais lógicos, escrever sobre e interpretar problemas e textos lidos por ele mesmo. Em casa, continuo dando-lhe pequenas tarefas que têm como objetivo torná-lo cada vez mais independente. As conquistas aumentam a cada dia. Ele adora fazer pipoca com o irmão".

"Seus centros de interesse estão se ampliando, carros, insetos e agora o futebol. Atualmente mantém hiperfoco no futebol, assistindo a grandes jogadores em campo, sabe seus nomes e os times. O esporte coletivo sempre foi umas das recomendações da escola e da Denise. O matriculamos em uma escolinha de futsal, e agora, quando crescer, quer ser jogador, jogando na posição de goleiro".

"Desafios para o futuro? Temos! José estará em uma nova escola, bem diferente da que estava acostumado, mas estamos bem otimistas. Ele foi conosco conhecer a nova escola e gostou muito, principalmente da quadra de futebol. Provou o novo uniforme e já escolheu o material escolar para o ano seguinte. Este ano, no Natal, vamos visitar nossos familiares e confeccionar nosso primeiro diário de férias, fazer registros fotográficos e escritos dos lugares e passeios. José já escreveu a carta para o Papai Noel, e ficamos responsáveis em colocá-la nos correios, caso não nos encontremos com ele".

"Mesmo que o começo de vida de José tenha sido diferente do que foi para Heitor, o que há, hoje em dia, é a satisfação de ver que seu desenvolvimento se realiza graças aos muitos recursos e às pessoas que participaram, e ainda participam, desse crescimento. José continua com sessões com fonoaudiólogo e psicopedagoga. Seu pai e irmão dão muito de si para que José tenha estímulos e o afeto de que ele precisa para crescer.

Para lidar com o autismo, há necessidade de amor e paciência. A família precisa estar unida e acreditar. Nunca perdi a fé. Por vezes me sentia desmotivada, chegava a casa e não queria fazer nenhum estímulo com José, mas sempre tive um anjo chamado Denise me apoiando. O desânimo ia embora, e eu recobrava a fé. Sem apoio, José não seria quem é hoje. Às vezes, a família esconde o filho especial tentando evitar a discriminação e o preconceito. Sofremos por eles, pelo que podem encontrar pelo caminho. O que posso dizer com toda certeza é que, se meu filho tivesse sido deixado sem estímulos, os avanços não teriam acontecido. Tudo foi desenvolvido aos poucos, mas sempre".

"Nada é fácil. No entanto é preciso repetir as coisas infindáveis vezes, até que os resultados apareçam. Assim como sei que José é outro, acho que eu mesma sou atualmente um ser humano mais evoluído e compreensivo com as diferenças. Meu filho veio para nos ensinar muitas coisas".

"É infinita minha gratidão à excelente psicopedagoga Denise Teperine, que começou a acompanhá-lo aos 2 anos de idade e permanece com ele até hoje. A perseverança venceu".

3.9 Quando Deus sabe que você precisa de ajuda

O impacto para os pais quando o filho apresenta algum problema de saúde que necessite cuidados constantes, do nascimento ao longo de toda sua vida, é desafiador a ponto de perdermos o rumo das coisas. E a pergunta que bate forte em nossa cabeça: como conseguiremos cuidar dessa criança? Levanta bem a nossa frente um muro gigantesco, e não enxergamos nada além de nossa dor, nosso desconforto e nossas limitações.

A constatação de um problema de saúde de um filho que vá demandar cuidados constantes funciona como um divisor entre "o antes" e "o depois". A história de Nuno Álvares Santos não é diferente à de muito pais que se deparam com questionamentos como "Por onde começamos?", "Como será nossa vida daqui em diante?", "Como vou lidar com esta dor para poder ajudar meu(mi-nha) filho(a)?", "Como nosso(a) filho(a) se sentirá?", "Alguém irá nos ajudar?"

"O impacto do nascimento do nosso filho Nuninho foi muito difícil para nós, e ainda tínhamos que enfrentar algo que nem sabíamos que existia, que era a síndrome CHARGE".

A **síndrome CHARGE**[30], anteriormente denominada "associação CHARGE", consiste em uma desordem genética, descrita primeiramente no ano de 1979. Em 1981, o acrônimo CHARGE começou a ser utilizado para denominar um grupo de características incomuns observadas em alguns recém-nascidos. As letras traduzem-se em:

- ☐ C: Coloboma do olho;
- ☐ H: Defeitos cardíacos (*heart defects*);
- ☐ A: Atresia das coanas nasais;
- ☐ R: Retardo do crescimento e/ou desenvolvimento;

---

[30] Disponível em: https://saes.org.br/images/meta/0f132de0-3693-4884-87be-a2618a62c884/133/anestesia-
-e-doenc-as-incomuns-coexistentes.pdf.

- G: Anormalidades genitais e/ou urinárias (*genital and/or urinary abnormalities*);
- E: Anormalidades da orelha e surdez (*ear abnormalities and deafness*).

Estima-se que afete 1 em cada 10 mil nascimentos. Uma vez que a síndrome é composta por uma gama de sintomas aparentemente sem relação, o diagnóstico torna-se complicado. Existe o teste genético, que busca o gene CHD7, envolvido na síndrome em questão; todavia, nem sempre é possível identificá-lo, já que nem todas as pessoas com a síndrome CHARGE apresentam mutação genética detectável. Desta forma, o diagnóstico continua a ser feito com base nas características físicas características do transtorno.

O tratamento é sintomático, sendo necessário que o paciente seja submetido a uma série de operações para reparar defeitos cardíacos, atresia das coanas, intestino, esôfago, fenda palatina e lábio leporino. Comumente, esses reparos são feitos ainda dentro dos primeiros meses de vida.

"Bem, as primeiras notícias e os primeiros impactos foram dores e apertos enormes em nosso coração. Antes de sabermos da síndrome, eu e minha esposa, Jake, tivemos que enfrentar a dor de ver o nosso filho Nuninho em uma UTI fazendo o procedimento no coraçãozinho. Ele nasceu sem as paredes dos ventrículos e sem a artéria pulmonar: essa foi a primeira dor em nossa família e nele. Deus nos proporcionou essa vitória da cirurgia, sentimos uma calma em nosso coração e muita força para enfrentar o que viria pela frente; sabíamos que não seria fácil. Veio o diagnóstico da síndrome CHARGE, os primeiros médicos falaram para nós que o Nuninho não iria enxergar, não iria ouvir, não iria falar nem andar, isso foi um tiro em nosso coração, porém Deus nos deu mais força e não acreditamos nesses diagnósticos, fomos cuidando do Nuninho com muito amor e muita dedicação. Não desistimos um segundo de cuidar do nosso filhão campeão, fomos enfrentando cada diagnóstico e dificuldades, e foram anos de muito amor".

Sem procurar justificativas para o acontecido, Nuno e sua esposa, Jake, buscavam forças para as novas tarefas; além das usuais, havia profundas mudanças na vida deles, profissionais e pessoais, a fim de atender às necessidades de tratamento de Nuninho para que ele pudesse ter o melhor desenvolvimento possível.

"Os primeiros anos foram conquistas em cada procedimento, em cada consulta pela qual o Nuninho passou, como a cirurgia no pé, a cirurgia no pênis. Tivemos que fazer uma outra cirurgia no coração; foram procedimentos de correção, porém sempre preocupantes e dolorosos. Nosso emocional muitas vezes abalado, porém mais uma vez o nosso Deus estendeu a sua generosa mão".

"Tudo que foi planejado teve que ser ressignificado em um novo projeto de vida. Precisaria construir uma identidade na qual fossem respeitados limites, dando-lhe um novo lugar com a construção de expectativas. Mas Deus nunca nos dá mais do que possamos carregar.

"Aí Deus nos deu a benção de conhecer uma profissional mais do que especializada, 'uma mãe'. Conhecemos a psicopedagoga Denise Teperine em um encontro em Manaus, uma grande mulher, um grande coração, que olhou para o Nuninho e falou que ele iria enxergar, falar, ouvir, escrever, brincar, comer sozinho, andar e principalmente AMAR as pessoas ao seu redor, e foi isso que aconteceu. Denise é incansável em educar, orientar, dar a ele independência nos atos, nas tarefas do dia a dia do Nuninho: profissional fantástica!".

"Com a Denise em tempo integral em nossa casa, tudo parecia mais fácil. Conseguíamos enxergar possibilidades onde achávamos impossível. As conquistas diárias começavam acontecer, e, para cada conquista de nosso filho, a dor se transformava em alegria.

"O Nuninho é um campeão! Suas conquistas são diárias, como comer, pedir para passear, saber os horários das tarefas, conhecer os profissionais que o ajudam diariamente. Nuninho tem as suas vontades pessoais como qualquer pessoa, e foram os ensinamentos da Denise, sim, da incansável Denise, que levaram meu filho a conquistar autonomia e sentir que ele nunca será um fardo pesado para nós, e sim alguém que nos ajudou a enxergar o valor e sentido real de vida".

"Obrigado, Denise, você é muito especial para o Nuninho e nossa família".

3.10 Ajuda de que precisava em momentos de aflição

A história de Priscila Carneiro vem nos alertar que não estamos sozinhos nos momentos difíceis e que podemos sim olhar além do nosso sofrimento, porque sempre encontraremos pessoas dispostas a nos ajudar.

"No ano de 2011, comecei a participar da associação das Mãos Unidas pelo Autismo. Assim que descobri que meu filho era autista, busquei na internet sobre autismo e foi assim que achei o contato da Mupa. Na mesma hora liguei e descobri que realizavam reuniões com os pais, e quis participar e conhecer melhor esse mundo, que até então era desconhecido para mim".

"Tive a oportunidade de conhecer outras mães na mesma situação e vi quanto era reconfortante saber que não estava sozinha, e não apenas por ter outras mães na mesma situação, mas por receber acolhimento. O que marcou minha história e a de meu filho foi conhecer a pedagoga Socorro Santos. Sua história de vida com seu filho Luiz nos dava muita motivação de seguir, ver a doação dela nos trazendo informações e cedendo um espaço em sua casa para atendimentos. Ter o Mupa como uma instituição de apoio e acolhimento fez a diferença em minha vida, e acredito que para muitas mães na cidade de Manaus. Ali tem sido o lugar onde podemos trocar experiências e, de uma certa forma oferecer, nossa ajuda para famílias que chegam sem saber por onde começar".

"Gostei tanto deste ambiente e da proposta do Mupa que quis ajudar mais, e desde então ajudo e ajudarei como puder. [Sei] da importância das terapias e do acolhimento e me sinto feliz em poder ajudar e ver a gratidão dos pais. Certamente esse local se tornou uma segunda casa, onde todos os profissionais são empenhados em dar seu melhor.

"Ser mãe de autista é ir de encontro aos desafios e a cada dia superá--los, contudo o apoio de profissionais como a psicopedagoga Denise Teperine, que realiza o curso para Mediadores Empíricos e nos direcionada a como trabalhar com nossos filhos e entendê-los para que eles tenham um pouco de autonomia, tem sido de grande ajuda. E na minha história, mais uma vez, cito a psicopedagoga Socorro Santos, que, além de profissional, é mãe de filho autista e sabe por tudo que passamos e tem uma enorme sensibilidade em ajudar".

"Só gratidão a essas profissionais, à presidente Jaciara Pereira Sales e a todos que fazem parte da Mupa".

3.11 Vivendo um dia de cada vez... Comemorando as pequenas vitórias

Talvez a história da família Guedes nos traga coragem para melhorarmos como seres humanos e nos levar ao entendimento de que, quando temos um propósito em nossa vida, podemos transformar circunstâncias inevitáveis da vida, até mesmo a pior, em triunfos e ao seu ápice de superação. José Guedes nos conta que:

"O primeiro filho. Caio veio ao mundo sem nenhuma intercorrência. Lembro-me de seus olhos vivos, de seu sorriso fácil. Parecia um bebê atento, que respondia bem ao que estava ao seu redor. Ele foi crescendo, e aos poucos transpareceu que ele era especial, que tinha uma luz diferente. Misturado a isso, alguns comportamentos especiais, como grito ao ouvir barulho alto, e uma presença calma. Eu o via como um ser único, e ponto. Não enxergara, mas o autismo já estava ali".

"Nossa conexão foi forte, bonita. Cuidei dele quando pegou rotavírus, numa semana em que, todo dia, um bebê morria desta doença em Manaus. Momentos mágicos foram vividos. O balbuciar, os primeiros passos. Eu pensava que todo mundo deveria ter a graça de conhecê-lo, e quem não o fazia estava perdendo uma oportunidade. Todavia, meu relacionamento com sua mãe estava conturbado, e nos separamos. Nenhuma separação é fácil. No caso, o motivo de dor era evidente: a distância entre Caio e eu. Não poder mais acordá-lo de manhã, sentir o cheiro de sua cabeça, vê-lo ao chegar do trabalho. Meses depois, mudaram-se para outra cidade. Sua mãe, Caio, às vésperas de completar 3 anos, e Gustavo, meu caçula recém-nascido".

"O diagnóstico. Do meu novo relacionamento com minha esposa, Priscila, veio minha filha, Isabele. O convívio com ela me fez enxergar o que era um padrão normal de desenvolvimento infantil. Depois de um ano da separação, Caio veio passar as férias de meio de ano (2011) em nossa casa. Os comportamentos diferentes dele estavam bem mais evidentes. Em situações de estresse, como festas de aniversário, ele chorava descontroladamente, até vomitar. Se ele comesse algo de que não gostava, também vomitava. Reproduzia falas de seus desenhos prediletos parecendo viver num mundo imaginário. Balançava os braços quando estava contente. Falava pouquíssimas palavras, diferentemente de outras crianças de sua idade, que já batiam papo".

"Naquele momento, o assunto 'autismo' ainda não havia estourado nas mídias, e não havia tanta informação como há hoje nas redes sociais. Já havia, porém, sites e blogs especializados no assunto. Li a descrição de autismo na Wikipédia. Avaliei os sintomas um a um: Caio tinha quase todos eles. Ironicamente, no dia seguinte, minha mãe me ligou falando que achava que Caio tinha 'alguma coisa'. E, no dia seguinte, minha esposa, com olhar preocupado, buscando selecionar as melhores palavras, me disse: 'José, eu preciso conversar contigo. É sobre o Caio'. Ao que eu respondi: 'Você acha que ele é autista, né?'".

"Meses depois, levamos Caio a um neuropediatra, na cidade onde morava. E o diagnóstico foi: autismo infantil. Porém, precisávamos de uma segunda opinião e, por que não, uma terceira. Trouxe-o a minha cidade, tendo ele passado pela avaliação de uma neuropediatra e de um psiquiatra infantil. O diagnóstico foi confirmado por ambos. Um deles nos disse uma frase que ainda hoje ressoa na minha cabeça: 'Com o autismo, é muito trabalho e pouco resultado'".

"Caio viajou de volta para sua cidade. Na mesma noite, eu e Priscila assistimos a um filme com o seguinte roteiro: um jovem adulto autista e seu pai, em estado terminal, correndo contra o tempo para que o filho conseguisse viver sem o pai. O filme era oriental, e vocês devem saber que os orientais sabem fazer histórias tristes. Ao final do filme, eu e Priscila choramos abraçados por vários minutos. Ela me disse: 'Amor, nós vamos ajudar o Caio. Eu ainda não sei como, mas nós vamos'. Eu tinha fé que faríamos o que fosse possível. Só não sabia ainda o que".

"Entramos no mundo do autismo. Lemos o que tinha na internet, assistimos a palestras, fizemos campanhas de conscientização com família e amigos, vestimos literalmente a camisa azul do autismo. Algum tempo depois, Caio passou a morar na casa de minha mãe. Ela me contava, com detalhes vivos, como ele estava experimentado o seu primeiro boom de desenvolvimento. Eu saboreava cada palavra que indicava um crescimento dele. Era um misto de gratidão infinita com uma vontade de estar vendo isso mais de perto. Começaram algumas terapias, e a escola. Lá descobriram que Caio tinha facilidade com letras (aprendera a ler sozinho), e que tinha ouvido absoluto (reconhecia as notas musicais de cor). Chamo esse momento de 'primeiro milagre'".

"Gugu. Gustavo, meu filho caçula, era um menino alegre, sorridente. Não acompanhei sua primeira infância. Confesso que toda aquela esperteza de ser me causava um refrigério na alma. Parecia uma compensação ao fato de seu irmão mais velho ser autista. Representava um conforto. Em meados de 2012, fiz uma viagem a trabalho com escala no aeroporto da cidade dos meninos. Combinei com minha mãe, que os levou ao aeroporto para nos vermos. Afora o prazer de vê-los e abraçá-los, notei algo estranho no Gustavo. Gugu tinha pouco mais de 2 anos. Ele tocava as pontas dos dedos de uma mão nas pontas dos dedos da outra mão de forma repetida. Conversei com minha esposa, com minha irmã e com os familiares mais próximos. A princípio pensei que era 'coisa de minha cabeça'. Minha irmã então me mandou uma frase que lera num livro, que dizia mais ou menos assim: 'Havendo suspeita de autismo, é melhor errar por excesso. Isso pode fazer diferença para uma vida inteira'".

"Trouxe Gustavo a Manaus para fazer uma avaliação com os mesmos profissionais que avaliaram o Caio, e ainda com as terapeutas que já tratavam do Caio. Como tínhamos poucos dias, só consegui consulta na parte da manhã. Pedi permissão para dar um saída do trabalho e fazer estas consultas. Gustavo recebeu diagnóstico de autismo infantil. Desta vez eu senti um peso maior. Retornei ao trabalho, contei o resultado a meus colegas. Chorei. Ouvi palavras reconfortantes. Um minuto depois, enxuguei as lágrimas e fui para casa".

"A mudança. Conversei com a mãe do Gustavo. Ela sofreu, chorou, não acreditou no diagnóstico. Meses depois, lancei uma sugestão a ela: Caio seria tratado aqui na cidade de Manaus, enquanto ela tratava do Gustavo em Porto Velho. Ela aceitou. Lembro-me da sensação de ver o Caio morando comigo. Uma sensação que ainda hoje não consigo bem descrever. Era muito mais do que um sonho. Era algo impossível que nem sequer havia cogitado sonhar. E estava acontecendo".

"Priscila e eu já tínhamos noção do que era o autismo e de como tratar um autista. Claro que a prática é diferente da teoria. Já tínhamos alguns contatos, e fomos conhecendo outros no caminho. Há pessoas maravilhosas, competentes, caridosas. Tivemos a 'sorte' de encontrar algumas delas. Começamos terapias. Fonoaudióloga e psicopedagoga, depois uma terapeuta ocupacional. Matriculamos ele numa escola regular. Então, aconteceu muito além das expectativas. Caio teve uma evolução rápida em pouco tempo. Ele respondia muito bem às intervenções terapêuticas. Era um deleite ver ele aprendendo a se comunicar melhor a cada dia, aprendendo a escrever, respondendo às nossas perguntas. Ver o sorriso dele ao acertar, ao vencer os pequenos desafios da evolução. Eu não sabia se um dia eu iria poder conversar com meu filho. E, mesmo sendo conversas simples e com poucas palavras, aconteceu. Chamo isso de 'segundo milagre'".

"Após uma consultoria com uma profissional de renome, decidimos contratar uma mediadora escolar para auxiliá-lo. Após reuniões pedagógicas e uma resistência da escola, a mediadora iniciou seu trabalho. Os frutos foram mais visíveis".

"E o Gustavo? Enquanto Caio evoluía bem, Gustavo estava longe de mim, sendo cuidado por sua mãe em outra cidade. Eu continuava tendo contato com ele nos períodos de férias escolares. A impressão inicial era de que o Gustavo, muito mais ativo, tinha um grau de autismo mais leve que o do irmão. Ledo engano. Não sabemos se foi a ausência de terapias mais regulares na primeira infância, ou se realmente foi algo 'de nascença'. O fato é que se passaram dois anos, Gugu completou 5 anos de idade, e apresentava comportamentos primitivos: ria descontroladamente, para depois chorar; corria pelos lugares como se estivesse perdido, tentando se encontrar, não falava palavras inteligíveis, não demonstrava interesse em aprender, pedia por comida, mesmo sem fome, pedia por água, mesmo sem sede".

"O ano era 2015. Estávamos com o cheque especial estourado. Fui a quatro bancos diferentes em busca de empréstimo; levei um não após o outro. O tratamento do Caio estava bem estruturado. Priscila havia começado um negócio com sua irmã, que começava a dar um lucro singelo, indicando estabilidade. Elas estavam, no momento, escolhendo um lugar de modo que o negócio deixasse de ser apenas virtual. Na mesma semana, uma terça-feira, a mãe do Gugu me manda uma mensagem perguntando se eu queria que ele morasse comigo. Priscila resistiu. O contexto não favorecia. Lá atrás ela já tinha me dito que queria cuidar do Gugu ainda na primeira infância, na fase em que tratar dele seria mais eficaz".

"De fato, como receber, em tais circunstâncias, mais uma criança e dar a ela um tratamento semelhante ao do Caio? Eu não sabia. A única certeza que eu tinha era de que eu não queria ver meu filho chegando à adolescência sem ter evoluído nada, e saber que eu podia ter feito algo e não fiz. Mas eu tinha consciência de que o peso maior seria sobre Priscila, que ficava o dia inteiro lidando com as crianças, enquanto eu tinha meu trabalho externo. Priscila o acolheu. Sábado ele estava conosco em Manaus".

"Furacão. Gustavo chegou num dia de festa. A festa de aniversário de Priscila. Buscamos Gugu, e seguimos para a comemoração. Ele corria por cima dos sofás, da cadeira. Ele se sentia perdido, não sabia o que fazer. Nós também não sabíamos o que fazer. A festa acabou, Gustavo chorou, chorou, depois dormiu. E quem chorou depois foi Priscila. A impressão era de que tudo o que aprendemos com o Caio não servia para o irmão".

"Caio era hipersensível, se retorcia ao pentear os cabelos, por exemplo. Gustavo era hipossensível, buscava sensações, gostava de correr, de escalar. Gugu andava descalço em pedra, tinha equilíbrio. Caio não era nada bom nos esportes, não sabia chutar ou lançar com força".

"Um misto de sentimento de incapacidade e frustração. Os dias não foram fáceis. A instabilidade era a regra. Priscila entrou num nível de ansiedade preocupante. Diversos momentos de tensão se seguiram no nosso casamento. Ela começou a fazer terapia, e daí compreendeu que tinha que desistir de algo de sua vida. E ela decidiu abandonar o negócio que tinha com sua irmã para ser mãe em tempo integral. Além disso, consegui um cargo melhor, e nossa situação financeira saiu do vermelho".

"Nasce uma mãe. Gustavo criou um vínculo único com a Priscila. É ela a maior referência da vida dele. Com ela por perto, ele se torna controlado, calmo, obediente. Priscila é o porto seguro do Gugu. Nosso desafio tem sido torná-lo assim na ausência dela. Generalizar os bons comportamentos, estendendo-o a outros ambientes. Gugu chegou aqui com 5 anos de idade. Mais ou menos um ano depois, ele já ensaiava alguma comunicação verbal. Ele falava, de seu jeito, 'passear' (*psáa*), 'carne' (*cáiin*), 'água' (*guáaa*). Sua fonoaudióloga nos disse que ele ia passar por uma importante janela do desenvolvimento, e que, se ele não desenvolvesse a fala, teríamos que ir em busca de métodos alternativos. Nossa leitura: ou o Gugu aprende a falar agora, ou não vai mais falar".

"A rotina é muito importante para o autista. Isso todo mundo sabe a partir de filmes, que muitas vezes romantizam esse aspecto. Infelizmente não conseguimos que a rotina fosse única em todos os ambientes em que ele convivia. Uma vez, depois das férias de fim de ano, Gustavo retornou totalmente desregulado, lembrando aquele primeiro dia quando veio morar aqui. E parou de falar qualquer palavra inteligível. Gugu regrediu. Temos trabalhado para que ele evolua a cada dia. Que aprenda a compreender o seu entorno. Que entenda o sentido das coisas, as habilidades básicas do dia a dia".

"A irmã dos autistas. Isabele é nossa filha. Ela foi a melhor terapeuta que o Caio já teve. Ela, sempre falante, instigava Caio a falar e se expressar. Puxava-o para brincadeiras, para a interação. Paciente e afoita ao mesmo tempo. Tornou-se a maior companheira de vida de Caio. Uma preocupação que tínhamos, em especial a Priscila, era se em algum momento deixamos a Isabele de lado. Afinal, ela era a filha 'normal', no meio de dois irmãos autistas. Passamos muito tempo pensando nas questões de evolução deles, levando-os a terapias. E nisso o tempo vai passando. Às vezes a gente pensa muito em evolução e não nos damos conta de que a vida está passando. A vida do autista não pode ser feita só de terapias. A presença da Isabele nos ajudava a enxergar isso".

"Mais um filho para quê? Três filhos, sendo dois autistas. Para que mais um? Eu não via lógica nisso, e talvez você também não veja. E essa questão foi motivo de diversos desentendimentos entre mim e Priscila. Ela tinha o sonho de ser mãe novamente. Eu argumentava que ela já era mãe biológica da Isabele, que já tinha adotado Caio e Gustavo para si, e que já era difícil o suficiente cuidar dos três. Mas em 2018 Priscila ficou grávida. Minha reação não foi de preocupação, o que a deixou triste, inaugurando uma tensa discussão. Aos poucos, porém, fui enxergando a novidade com mais leveza. Tempos depois ela teve um sangramento. Fomos ao pronto-socorro, o útero dela estava fechado, um bom sinal. Seguimos para o exame de ultrassom. O médico colocou aquele aparelhinho para escutarmos o coração do bebê. Não houve som. Aquele silêncio gela meu coração até hoje. Mas, depois disso, eu compreendi, no coração, que cada ser humano é único. Independentemente de todo amor que temos por nossos três filhos e a despeito da possibilidade de ter outro filho. Este não nasceu, fez falta, e faz falta".

"Quando a Priscila estava grávida, havia uma preocupação nossa e dos outros: e se for autista também? Estaríamos sendo irresponsáveis? Entretanto, compreendendo que o valor de uma vida é superior a tais 'riscos', Priscila ficou grávida novamente. E nasceram os gêmeos Antônio e Teodoro, prematuros, com diversas intercorrências: sangramento cerebral, entubação, infecção generalizada e alguma coisa a mais. Lutaram pela vida. Ficaram 32 dias na UTI. Um deles teve atraso de desenvolvimento, e precisou de terapia".

"Logo após sua alta hospitalar, a pandemia chegou ao Brasil, e fiquei trabalhando em *home office*. Éramos eu, Priscila, dois filhos autistas, uma filha adolescente, e dois gêmeos recém-nascidos. E um gato. Assim como grande parte do mundo, ficamos isolados em casa. Sem terapias, sem escola, sem passeios, e sem saber quando aquilo tudo iria acabar. Escolhemos viver bem (evitando os noticiários, que nos deixavam ansiosos) e cuidar uns dos outros".

"Caio acompanhou de perto o crescimento dos seus irmãos. Fazia voz de bebê para brincar com eles, se divertia rindo que nem bobo das pequenas peripécias dos gêmeos. 'Cadê o bebê? Achou!': uma das que ele mais fazia. Tínhamos uma preocupação sobre qual seria a reação do Gustavo, pois ele não tinha muita noção de perigo. Já aconteceu de ele sair em disparada pela rua, com sério risco de acidente. Uma vez ele quase pisa num recém-nascido que dormia numa cama. Estávamos em alerta o tempo todo. Mas sabe o que aconteceu? Uma cena que nos encheu os olhos de lágrimas. O Gustavo conseguiu ler a situação e compreender a fragilidade dos bebês. Ele se aproximava deles com cuidado, tocando com a mão na cabecinha deles com uma delicadeza que não sabíamos que ele tinha. E, encostando o nariz, cheirava a cabecinha dos bebês".

"Durante a segunda onda da pandemia, eu e Priscila pegamos a doença, ficamos em estado grave, correndo risco de vida. Ela estava grávida. Depois de meses de terror, nasceu o José Guedes Neto. Hoje Priscila está grávida novamente, à espera do Francisco".

"A experiência do isolamento social nos mostrou que, apesar da grande importância das atividades terapêuticas, é em casa que ocorrem as maiores oportunidades de desenvolvimento. Não podemos nem queremos tirar os méritos dos terapeutas na evolução dos meninos. No entanto, o ouro está nas atitudes do dia a dia, no vínculo familiar, na rotina doméstica. E, no nosso caso, os vínculos familiares criados pela presença de mais gente em casa tornaram o ambiente mais amoroso, mais acolhedor, mais produtivo. O convívio familiar é uma riqueza".

"O medo do futuro. Caio é um adolescente que gosta de música, videogame (embora controlemos bem isso). Mas, sobretudo, ele gosta de gente. Antes ele não conseguia abraçar as pessoas. Se alguém beijasse seu rosto, ele o limpava. Hoje, ele gosta de pertencer a algo. Ano passado ele participou de uma apresentação de música tocando 'Twist and shout' na bateria, com uma banda de alunos. A alegria dele de participar daquele conjunto, seus olhos, seu sorriso ao ver o público acompanhando nas palmas é aquele mesmo sorriso de sua infância, de quando tinha pequenas evoluções e era aplaudido e encorajado. Hoje, se alguém faz uma chamada de vídeo, ele faz questão de sempre se despedir. Faz questão, também, de cumprimentar todos os amigos (seus e os nossos), embora ainda lhe falte iniciativa — ele ficava rondando a pessoa, esperando ela olhar para ele e entender a sua intenção. Às vezes a pessoa vai embora, e ele fica chateado por não lhe ter dado um abraço. Caio teve suas revoltas adolescentes. Ele compreendeu que vive numa família diferente, que sua mãe de criação não é sua mãe biológica, e algumas desavenças do mundo dos adultos infelizmente chegaram ao seu conhecimento. Certa vez ele caiu e ralou o joelho, sangrando. Eu estava com ele. Imediatamente ele disse: 'Eu quero falar com a Priscila! Eu quero falar com a Priscila'. Liguei para ela, ao que ele disse: 'Priscila, eu caí, machuquei o joelho. Tá saindo sangue'. Já pensei que o Caio poderia se destacar muito em algo — o que não descarto. Porém, a verdade é que ele não tem uma superabilidade. Sim, ele tem ouvido absoluto, tem memória excelente. Mas a vida social é dura. A inclusão é linda para as crianças. A inclusão de um adulto não. No fundo, o mais importante não é se o Caio vai se destacar. Importa mais se ele vai conseguir se virar na vida. Mais que isso, importa se ele vai viver os valores que ensinamos a ele. Caio é um menino bom. Ele precisa ter força de espírito para viver o resto da vida sendo um homem bom".

"E o Gustavo? Posso falar que 'o que importa é se ele vai se virar'? Não posso. Gustavo não tem expectativa de independência plena. No entanto, é possível vislumbrar uma independência assistida. A maior parte do tempo eu evito olhar muito para o futuro. A melhor forma de salvar o futuro é construir o presente. E, no presente, já há preocupações por demais. Afinal, qual o sentido disso tudo?".

"Quando o autismo entrou em minha vida, houve sim a famosa fase do luto. O futuro sonhado para o filho deixa de existir. 'Que venha com saúde' é o que muitos desejam, com todo carinho e boa vontade do mundo".

"Já me disseram que sou uma pessoa especial, que Deus os mandou para eu cuidar porque sabe que eu consigo. Eu não sei. Porém, eu sei que amar é querer cuidar. Amar é fazer questão de alguém. Amar é se esforçar para que aquela pessoa seja feliz, seja virtuosa, siga o caminho do bem. E é a isto que nos prendemos. Sou pai de oito crianças (sendo uma no Céu e uma no ventre). Duas delas são o Caio e o Gustavo, dois meninos que pintaram minha vida de azul, que trouxeram o mundo do autismo para a minha existência — um mundo do qual eu não posso nem quero mais sair".

"Eu amo o autismo? Pergunta capciosa. Eu amo o Caio, o Gustavo e os seus irmãos. Eu amo minha esposa, que consegue se doar incessantemente por cada um deles, e por mim. Mas não a amo porque ela cuida deles. Amo-a simplesmente".

"Nós somos uma família normal. Desentendemo-nos, descumprimos combinados, nos desorganizamos. Passamos dificuldades financeiras, discutimos, brigamos. Há desobediências, desrespeitos, erros. No entanto, a escolha de amar e de continuar se amando faz as coisas serem diferentes. Faz tudo ser grandioso. Torna a normalidade da vida algo incrivelmente especial".

3.12 Como é ser irmã de dois autistas?

A história de Isabele Guedes parece filme de cinema. Uma irmã que gentilmente ama seus irmãos autistas e enfrenta os desafios com seus pais. Com entusiasmo, ela descomplica o que parece ser complicado e traz alegria ao que para muitos parece ser triste. Se todos os irmãos e irmãs tivessem a atitude de trazer a bondade para si e reparti-la como ela fez com seus irmãos autistas, com certeza, o mundo seria mais feliz. Podemos dizer que pessoas especiais como Isabele vêm ao mundo com o propósito de fazer a diferença na vida das pessoas.

"Como é ser irmã de dois autistas? Bom, eu vou responder a essa pergunta pela primeira vez, oficialmente. Irei falar como é, mais ou menos, do meu ponto de vista de irmã. Me chamo Isabele, tenho 14 anos, e tenho sete irmãos, sendo, como já falei, dois autistas. Até um dia desses, éramos só três: eu, o Caio e o Gugu".

"Tenho lembranças nítidas desses tempos: o Caio era um menino fofo, engraçado, que falava com o tom de voz dos desenhos a que assistia. Ele gostava de Mickey Mouse e de Charlie e Lola. O Caio sabia as danças e falas do Mickey decoradas, e de Charlie e Lola também. Houve uma fase em que tudo o que o Caio fazia era o que a Lola fazia no desenho. Ele não comia nada que a Lola falasse que não gostava; ele vomitava, se dessem um tomate para ele. Ele só comia farofa de calabresa, não porque a Lola comia, mas porque ele tinha restrição alimentar a alimentos secos. Ele já teve outra fase, em que ele vomitava quando havia muito barulho, como numa festa de aniversário, quando cantavam os 'parabéns'. Na Copa do Mundo, quando todos gritavam por causa de um gol do Brasil, ele corria para puxar os meus cabelos (um dia ele arrancou um tufo)".

"Apesar desses momentos difíceis (digo isto rindo), o Caio me acompanhou em vários momentos bons. Quando íamos ao shopping, sempre pedíamos ao papai e à mamãe para comprar 'sorvete branco'. Nós simplesmente adorávamos aquele sorvete de baunilha simples do Bob's. Íamos aos parquinhos do shopping e brincávamos na pequena montanha-russa de lá, que para nós era bem grande. E gritávamos escandalosamente na descida, e ríamos bastante também. Nós também aprontávamos juntos: um dia ficamos os dois deitados à porta de uma loja. Imaginem só duas criancinhas de mais ou menos 6 anos, pequeninas e gaiatas, fingindo dormir no chão da porta de uma loja, forçando os olhinhos cheios de energia a se fecharem, impedindo a passagem das pessoas que queriam entrar. É, com certeza era bem engraçado".

"E vocês sabem o que é a coisa mais engraçada do mundo? Eu não sei, mas uma das coisas mais engraçadas do mundo, com certeza, era o Caio rindo com gosto das minhas gaiatices. Eu falava qualquer besteira, sei lá, cantava uma música e fazia barulhos de pum com a boca, e o Caio ria tanto, tanto, que de branco ele passava a ficar vermelho, e ria sem parar. A risada dele contagiava a todos, e todo mundo ria, até eu, não das minhas piadas sem graça, mas das gargalhadas do Caio".

"O Caio também tinha uma mania de 'cantar com a mão'. Ele ouvia uma música e ficava 'dublando' com a mão, fechando-a e abrindo-a. Era muito engraçado. E a mania de dar um cutucão no olho das pessoas enquanto elas estavam dormindo? Você não precisava nem mais ter medo da 'Samara', mas do Caio, porque, a qualquer momento da sua sonequinha, ele poderia vir de fininho, levantar o dedinho magro e 'TUM' no seu olho. Eu não sofri com isso, graças a Deus, mas os meus pais e alguns tios e tias minhas foram vítimas do dedinho magro do Caio. Que lembranças! Eu rio e escrevo, escrevo e rio. O Caio evoluiu; hoje ele já tem 15 anos, e não tem mais essas estereotipias. Hoje ele come direitinho. A televisão em excesso prejudica ele, porque ele tem ecolalia, e todos os comerciais da TV ficam na cabeça dele. Então, não vemos TV aqui em casa, e o Caio não imita mais nenhum personagem".

"Ele tem outras estereotipias hoje em dia. Ele puxa os lábios com os dedos, e fica dançando nos lugares aleatoriamente, porque ele gosta muito de *Just Dance*. Quando ele vai ao médico, ou vai comprar pão, ou à sorveteria, ele dança. Agora nós estamos ensinando ele a se perceber e parar de dançar em certas situações. Mas, apesar de isso ter a sua parte estressante, tem sua parte muito boa. Eu rio não porque fico zoando o meu irmão, mas porque a peculiaridade do jeito dele de ser me traz lembranças que ficam gravadas em minha memória. E elas me deixam feliz".

"Mas, enfim, falei um pouco do Caio, agora vou falar do Gugu. Para mim, o Gugu era o bebê mais fofo do mundo. Ele desde bebê teve umas estereotipias bem discretas. Ele tremia as mãozinhas e fazia caretas por curtos períodos, de modo constante. De acordo com que ele foi crescendo, foi ficando cada vez mais evidente que ele tinha autismo. O Gugu desde pequeno gosta de ouvir música. Ele também gostava de Mickey Mouse, assim como o Caio. Até hoje o Gugu, que tem 12 anos, dança igual o Mickey Mouse quando escuta uma música de que ele gosta, e faz assim: fecha os olhos, começa a falar o que eu chamo carinhosamente de 'guguzês' (o Gugu não fala), e sai pulando e dançando com os braços igual o Mickey. Antes ele imitava mais; hoje ele já tem o seu próprio gingado".

"O Gugu, quando criança, fazia muito cocô na cueca. Por isso ele vivia de fralda, mesmo já grandinho. Então, a minha mãe e o meu pai desconfiaram que fosse alguma intolerância alimentar, porque o cocô era muito e parecia diarreia. Descobrimos que o Gugu tinha intolerância à lactose. O Gugu não pode beber leite puro, nem nada muito leitoso, senão ele se esvai em diarreia, e isso faz mal para ele. Eu sei que parece óbvio, mas para muitos não era. Já passamos poucas e boas com o Gugu. Um dia, estávamos numa festa, e a mamãe deixou bem claro que o Gugu não podia comer o bolo porque fazia mal a ele; mas as pessoas sentem pena, porque 'Tadinho, ele não pode comer nem um pouquinho?'; 'Não, ele não pode, senão ele faz cocô na calça'. E então, por pena, deram um pouquinho de bolo para ele. Tivemos que sair do aniversário porque o Gugu se sujou todo".

"O Gugu pode comer doce, mas não é essa a questão. Ele precisa de limites, e que nós demos esses limites, porque ele por si só não tem essa capacidade. O Gugu já vomitou de tanto beber água, porque davam a ele sempre que ele pedia. Tivemos que pôr limites até nisso para ele".

"Quando nós saíamos, e a mamãe prestava atenção em outra coisa, ele sumia. Normalmente era em restaurantes, e quando ele sumia era porque ele tinha escapado para uma mesa e comido ou bebido a comida de pessoas no restaurante. Eu me lembro de uma situação assim: eu estava lá brincando despreocupada no parquinho do restaurante, e então uma atendente me parou e me perguntou: 'Aquele menino é seu irmão?' E lá estava o Gugu, longe, na cozinha, pedindo comida para o cozinheiro da pizzaria. Eu fui correndo chamar a mamãe, e ela foi lá buscar ele correndo. Essas coisas aconteciam num piscar de olhos.

"Teve um dia que o Gustavo encostou um pouco forte no braço de uma senhora, e ela fez um escândalo, dizendo que tinha feito uma cirurgia no ombro, e era para o papai controlar o Gugu, já que ele próprio não sabia se controlar. Será que ela fazia tudo isso quando uma pessoa qualquer esbarrava nela sem querer? Já ouvi um trecho de uma conversa, enquanto andava na rua, de um homem falando com seus parceiros de futebol sobre outro homem: '... ele fez isso, aí depois me disseram que ele era especial. Especial, mano? E daí?...'".

"As pessoas têm que se conscientizar que os autistas são pessoas especiais sim, e que é necessário no mínimo paciência e um pouco de empatia. A mãe ou pai de autista não é uma pessoa desnaturada; pelo contrário, essas pessoas se desdobram para achar formas de seus filhos conviverem em sociedade.

'Ai, mas ela não sabe controlar esse filho dela, não?';

'Esse menino não para de se tremer...';

'Que menino estranho... Olha lá, ele tá dançando!';

'Ah, não, é maldade ele não poder comer nem um docinho...'.

"Aqui, não quero beatificar nem condenar ninguém, porque sei que essas situações são desagradáveis e é normal levar um susto quando acontecem. Mas um olhar de empatia, e não de raiva, consola nosso coração e nos deixa mais tranquilos, pois então vemos que as pessoas enxergam os autistas como gente, e não os excluem, colocando eles no grupinho dos 'estranhos'. Eles são pessoas atípicas, sim, mas são, em primeiro lugar, pessoas que merecem o nosso carinho e amor de forma especial".

"O Gugu já fugiu diversas vezes para a rua. Um dia, no shopping, ele simplesmente saiu correndo, em disparada, e eu fui correndo atrás dele.

O Gugu é superdotado de força e agilidade; ele corre muito rápido. O papai foi correndo logo atrás de mim, mais longe. O Gugu se dirigiu à saída. E aí eu gritei: 'Pai! Ele saiu do shopping!!' E continuei correndo o mais rápido que podia. O Gustavo desceu a rampa do shopping, e já ia correr para a principal movimentadíssima do Manauara. Quando ele estava prestes a entrar no meio dos carros, o meu pai gritou de modo firme e desesperado: 'GUSTAVO!' E então, não sei por que, ele parou. E o papai conseguiu pegá-lo".

"Isso de o Gugu fugir já aconteceu várias vezes. Até hoje, quando me lembro dessa situação, fico agradecida a Deus por o meu irmão estar vivo. Ele realmente não tem noção nenhuma do perigo. O Gustavo, em contraponto ao que ele era capaz, tinha uma aparência muito fofinha. As pessoas muitas vezes abriam uma brecha que nós insistíamos para não abrir, justamente porque ele não aparentava ser o tipo de criança que aprontava daquela forma que agora vocês já sabem. As pessoas sempre banalizam os limites que colocamos nos autistas. Se em crianças típicas isso é ruim, nas atípicas é ainda pior infringir as regras, pois algumas delas não conhecem os seus próprios limites".

"Pais, mães, irmãs, irmãos ou parentes de autistas, não desanimem! Deus trouxe a vocês um novo sentido na vida: cuidar de alguém que precisa de você. Muitos hoje em dia não sabem o que é o amor verdadeiro, ou têm medo de descobri-lo; mas o amor de verdade exige algo de nós. Não se lamente por ter mais um peso para carregar. Pense nesse ser humano. Pense em como ele pode viver em sociedade. Ele será capaz de seguir uma carreira na vida? Será capaz de se casar? De socializar? De interagir? Agora pegue todos esses pensamentos e preocupações, e guarde na pasta em que está escrito: 'Entregar nas mãos de Deus'".

"Isso é algo importante? Sim! Mas não está no seu controle o que irá ou não irá acontecer. Está no seu controle o que está acontecendo. Como você pode cuidar do seu(a) autista hoje? Como você pode olhá-lo(a)? Como você pode cuidar e amar ele(a) neste instante? O que ficará impresso nas páginas do livro da sua história?".

"Que você também reflita, meu(minha) querido(a) que tem menos contato com pessoas autistas, e que passe a tratá-las ainda melhor do que você trata, nunca se esquecendo da empatia que devemos ter com elas e com quem cuida delas. E aqui eu me despeço. Espero que o meu testemunho tenha feito algum bem para você".

3.13 Incluir nem sempre é fácil! Da aceitação à luta pela inclusão

A história de Simone faz-nos entender que temos muito mais dias de crescimento e aprendizado do que dias "fantásticos e maravilhosos". E não há nada de mal nisso. Crescer e aprender é experiência saudável, normal, e que está ligada a um processo. Processo esse que em certas ocasiões é penoso, lento e difícil de suportar. Porém, perseverar nos golpes da vida sem se desesperar e desistir sempre será uma maneira de Deus nos lembrar que Ele estará conosco o tempo todo.

"Olá! Eu sou a Simone Neves Menezes de Lima, tenho 39 anos, sou coordenadora escolar, professora, pós-graduanda em Psicopedagoga, pastora, tia do ministério infantil, a palhaça 'Lilica', esposa do Fabrício e mãe do Isaque, da Rebeca e do Lucas. Ufa! São muitas versões de mim mesma! Contudo, hoje quero narrar a história da Simone mãe do Isaque, diagnosticado com o transtorno do espectro autista, e como esse diagnóstico, mesmo tardio, mudou a minha vida".

"Casei-me aos 19 anos, com o homem da minha vida; sabe aquele amor de infância? Sim! Hoje, pai dos meus filhos! Fabrício é o príncipe dos meus sonhos; um marido excepcional e, lógico, um pai maravilhoso; era tudo que eu sonhei: ter a vida e a família perfeita".

"Vivemos em um lar cristão, entendemos e cremos que Deus é o condutor da nossa vida; e por que estou citando isso? Mais adiante, vocês entenderão os conflitos, vitórias, incertezas de ter um filho com diagnóstico de autismo sendo membro de qualquer igreja, mesmo em 2023".

"Isaque é meu filho primogênito, nasceu no dia 19 de novembro de 2012, no Hospital Balbina Mestrinho, com 3,3 kg. Tive uma gravidez tranquila, porém com um parto conturbado. Sentia muitas dores, mas não tinha passagem, com isso demorei para tê-lo. Sofri muito, perdi muito sangue! Após o parto, foi necessária uma transfusão. Foi um momento de angústia e medo, mas no fim, graças a Deus, Isaque chegou. Ele já era muito amado; seu nome foi escolhido pois foi 'aquele que nos fez sorrir'! Trouxe alegria para nosso lar. Assim que completou 1 mês, ele foi apresentado à igreja, e este foi um dos dias mais felizes de nossa vida. Afinal, o nosso bebê, o filho tão amado, foi apresentado para Deus".

"Lucas veio logo em seguida. Com menos de um mês de diferença. Confesso que no começo foi um susto, mas depois entendemos os planos que Deus reservou com a vinda do pequeno Lucas. Durante algum tempo, a comunicação do Isaque com outras pessoas fora realizada por intermédio do Lucas. A ligação entre eles era algo que vinha de Deus, e essa ligação dura até hoje. Após alguns anos, chega uma princesa muito meiga. Rebeca veio para trazer ainda mais alegria à família; foi a cerejinha do bolo, colocando um mundo rosa na nossa cor azul".

"Isaque, até 1 ano e meio, desenvolveu-se como qualquer criança: deu os primeiros passos, balbuciou, era sorridente, interagia e amava comer. Mas aos 2 anos tudo mudou! O desenvolvimento, ao invés de progredir, retrocedeu; ele ainda não falava, e muitas vezes nos usava como instrumento para conseguir o que queria; batia as mãos com muita frequência e costumava não olhar nos olhos. Resolvemos então procurar um médico. Porém, para os médicos que consultamos, tudo era 'fase' e iria passar. Eles diziam: 'É normal, cada criança é única!'

"E alguns especialistas recomendavam colocá-lo em uma escola. A frase era: 'Na escola a fala será concretizada, o problema de socialização será resolvido'. E assim confiamos. Na verdade, estava tudo muito óbvio, éramos nós que não queríamos ver!".

"Nessa época, eu já trabalhava como professora em uma escola de educação infantil; então, colocamos o Isaque para estudar nesta mesma escola, com a certeza de que ele progrediria. Mas a frustração me deu uma rasteira (1), pois na escola as características ficaram cada vez mais visíveis. Quando ele completou 4 anos, ouvi pela primeira vez, da própria professora dele, a palavra 'AUTISMO'! Sabe as reviravoltas que você só vê em filmes? Aquelas em que um dia você acorda e olha para todas as áreas de sua vida, pensa que está tudo sob controle, mas, repentinamente, você se encontra perdida sem saber o que fazer? Em meio a um terrível 'tsunami'?".

"A primeira reação foi tão grande que gerou uma das maiores indagações da minha vida: 'Como assim o Isaque AUTISTA?' Neste dia, me senti completamente afrontada e, sem hesitar, disse que 'tal história' não me interessava e não aceitaria ninguém falar que meu filho era autista! Eu estava em um cenário do qual brotava um mix de sentimentos; que, por sua vez, deixava a minha mente vulnerável; era desespero, fúria e medo, que chegavam ao mesmo tempo".

"Agora, não era somente uma indagação: 'Por que, Senhor? Por que logo eu?' Passei por dias muito difíceis; dias sombrios e desoladores. Foi então que recorremos a Deus. Em meio a este momento escuro, uma luz brilhou; lembramos que Deus cura! Deus sara e Ele faz milagres! Entretanto, nesta época, eu ainda não entendia que Deus faz tudo no tempo d'Ele e do jeito d'Ele. E mal sabia que Ele já estava escrevendo a nossa história".

"Comecei as investigações e, mesmo assim, eu negava o autismo; eu comecei a me autossabotar e andei no caminho 'largo e confortável' da negação! Eu enxergava a dificuldade, mas não aceitava. Fiquei cerca de um ano procurando profissionais, e todos diziam o mesmo: 'Seu filho está muito novo, ele irá se desenvolver'. E então resolvemos ACREDITAR nos profissionais e negar aquilo que nós já sabíamos".

"Os dias chegavam e partiam, e nós negávamos! Não foi uma nem duas vezes, mas muitas vezes. Um dia, Isaque começou a passar mal; vomitava, tinha febre, e, como ele ainda não falava direito, não descobríamos o que ele tinha. Levamos ao médico, e foi diagnosticado com rotavírus. E vieram mais dias escuros. Leva ao hospital, toma soro e remédios; ele melhorava; voltávamos para casa, e ele piorava novamente. Eu cheguei com Deus e perguntava: 'Pai, o que será que está acontecendo?'".

"E mais uma semana findou, entre idas e vindas e vários diagnósticos de rotavírus e nenhuma internação. Isaque sentia muita dor; nesta fase, já não comia, e vomitava até a água que ingeria. Em uma madrugada, a dor que ele sentia ficou mais forte, e então resolvemos levá-lo novamente ao pronto atendimento; já sabíamos que isso não poderia ser apenas rotavírus. Ao entrar no consultório, a doutora falou o que já havíamos ouvido algumas vezes: é rotavírus (até porque, nesta época, Manaus sofreu com uma epidemia grave do vírus, que atingiu muitas crianças com esse mesmo diagnóstico). Porém, nós tínhamos ciência de que o diagnóstico do Isaque poderia ser outro. Eu disse à doutora: 'Não pode ser! Faça um raio X'. E, mesmo ela falando que não precisava, solicitou".

"Lembro como se fosse hoje. O radiologista vindo por aquele corredor vazio dizendo: 'Acho que você não baixou toda a calça dele. Precisamos refazer o raio X, pois apareceu o botão da calça'. E, quando entramos novamente naquela sala, descobrimos que Isaque havia engolido algo, um corpo estranho; e, como ele não falava, aquele objeto ficou no intestino dele mais ou menos uma semana, a ponto de perfurá-lo, causando uma peritonite e comprometendo outros órgãos. Foi submetido a uma cirurgia às pressas e logo em seguida foi para a UTI. Meus Deus, por quê? Essa sempre foi a pergunta que fazia".

"Isaque, apesar do trauma, se recuperou bem. Mas foi lá na UTI que ouvi novamente a palavra que me perseguia nos últimos anos, 'autismo'! Durante sua estadia, Isaque se comunicava pouco, não olhava para os médicos e não conseguia responder a perguntas básicas. E a doutora responsável da UTI perguntou se eu já tinha ouvido falar sobre 'autismo' e que Isaque precisava desenvolver a fala para comunicar-se com clareza. Porém, fui teimosa e mais uma vez neguei. Isaque saiu do hospital na época natalina, e sua recuperação foi verdadeiramente um presente de Natal para nós. Após isso, a fala veio, tardia, mas veio. Ufa! Que alívio! 'Está vendo como os médicos tinham razão?', eu falava para mim mesma, tentando enganar e esconder o óbvio".

"E assim ele foi crescendo, enquanto orávamos por um milagre, sem entender o que Deus queria conosco. E aos 10 anos os movimentos repetitivos se tornaram frequentes; a dificuldade de aprendizagem muito aparente, a socialização mais restrita. Até que uma colega fotógrafa, ao observar o Isaque, nos falou do Mupa, uma ONG que atendia crianças e adolescentes autistas. E lá vem ela outra vez. Tentávamos fugir, mas a palavra 'autismo' nos perseguia avidamente".

"Nessa época, eu passava por processo de amadurecimento, em muitos aspectos. Uma mãe de verdade tem plena consciência de que a maternidade gera em cada uma de nós crescimento e nos torna mais fortes. Dessa forma, meu esposo foi visitar aquele lugar. Foi aí que o 'luto' veio. Ah... E como veio! E, apesar de receber a compreensão de toda a minha família, me sentia perdida e culpada; afinal, quanto tempo eu perdi por causa da minha teimosia? Mas agora eu daria um passo à frente, atrás de um profissional que pudesse ajudar o meu filho".

"Nesta época, já trabalhava em outra escola, que estava contratando coordenadora. Foi quando conheci uma psicopedagoga apaixonada por desenvolvimento infantil e estimulação precoce. Neste instante, eu tinha a certeza de que havia achado a pessoa certa.

"Conhecer esta pessoa maravilhosa foi um divisor de águas em minha vida como mãe de uma criança autista. Ela era a fundadora do Mupa, uma mulher que não mediu esforços para auxiliar outras mães e oferecer um ombro amigo. Ela me escutou e compartilhou suas experiências comigo. Falo com muito prazer que ela foi mais um presente de Deus para mim e minha família. Ela provavelmente vai ler este texto, e quero te dizer, 'mãe azul', que você foi a voz de que eu precisava para aceitar o meu filho, não por saber que você tinha um filho dentro do espectro, mas foi sua verdade que me fez enxergar que o diagnóstico do Isaque não era uma sentença, muito pelo contrário; ele seria usado para me fortalecer e vivenciar grandes experiências. Deus cura? Sim! Deus realiza o impossível? Com toda a certeza, mas sei também que Deus usa pessoas, histórias e vidas para abençoar e ajudar outras vidas".

"Então, Isaque começou a fazer terapia, e com isso seu desenvolvimento era perceptível. O Mupa me ajudou a aceitar o meu filho do jeito que ele é, com todas as suas particularidades. Foi quando me tornei voluntária por algum tempo e aprendi. Nossa, e como aprendi! O Fabrício, depois de um tempo, também usou o seu talento e se voluntariou no Mupa; e se hoje eu sou feliz (Sim! Somos felizes, mesmo com o diagnóstico do meu filho) e grata; é porque alguém investiu amor e tempo em favor da minha causa. Na verdade, não só da minha, mas de muitas mães".

"A aceitação veio, mesmo tardia, quando eu me permiti ser ajudada, até porque não sou uma rocha forte o bastante para suportar qualquer pressão. Enfrentar um diagnóstico não é fácil, será sempre desafiador. Eu trabalho nisso todos os dias, e começo a dizer para mim: 'Está tudo bem!' E agora entendo que Deus tinha planos para mim. Hoje sou uma mulher, mãe, resolvida e feliz. Encontrei uma oportunidade de trabalho, encontrei meu propósito de vida, e gastarei minha vida para falar do amor de Deus, da sua abundante graça, da aceitação e inclusão do autista na sociedade, e isso inclui as igrejas".

"Abro um parêntese para deixar um recado para você que é mãe recém-chegada a esse universo do autismo. Você não está sozinha, existem muitas pessoas dispostas a ajudar e apoiar você. Eu sou uma delas! Meu coração está disposto a ser seu ombro amigo. Aproveito o ensejo para também fazer um pedido: não demore a lutar pelo seu filho; quanto antes você reagir, sair da zona de conforto, procurar um especialista e começar as terapias, mais rápido ele se desenvolverá. Isaque passou a maior parte do tempo sem um diagnóstico, e ele veio meio tardio. Infelizmente é um tempo, um desenvolvimento, que nós não podemos recuperar, por isso lhe digo: saia do luto e reaja, seu filho precisa de você".

"Isaque foi crescendo, se moldando às dificuldades e se desenvolvendo à sua maneira. Hoje, ele cursa o terceiro ano do ensino médio, completou 18 anos e ano que vem irá cursar a tão sonhada faculdade de Gastronomia. Desde criança, Isaque sonha em ser *chef*, ter seu próprio restaurante; e temos a plena certeza de que seu futuro será brilhante, porque o Senhor já o planejou e desenhou com todo amor. Agradecemos ainda a cada escola por que Isaque passou; ele encontrou em sua jornada excelentes profissionais que demonstraram amor, o ajudaram e compreenderam em todas suas particularidades. Ele foi incluído, e isso é o sonho de qualquer mãe atípica".

"Outra fase marcante tanto para Isaque quanto para mim, com certeza, foram as apresentações escolares. Elas sempre foram um desafio para ele, mas uma, em especial, me marcou profundamente. Ele sempre foi resistente às apresentações em público, e eu já era bem consciente disso, então, em um determinado Dia das Mães, na escola em que trabalho atualmente, estava na sala com os meus alunos quando a coordenada chega a minha sala e fala: 'Simone, será agora a apresentação da turma do Isaque; vai rápido, tem uma surpresa para você'. E eu corri! Ao chegar, vi Isaque segurando o microfone e eu pensei: 'Nossa, que lindo! Ele vai declamar uma frase!'".

"E, quando o 'tio' tocou os primeiros acordes no teclado, algo arrebatador aconteceu; eu não estava esperando. Foi neste instante que ouvi a calma voz do meu Isaque cantando uma música; eu me debrucei em lágrimas e não acreditava no que estava acontecendo; que superação!".

"Tudo isso é um composto de amor e cuidado, mas é também fruto da diligência de profissionais 'fora de série' que acreditaram e acreditam na inclusão e se esforçam para que ela de fato ocorra".

"Nós, mães atípicas, agradecemos a cada profissional que se dedica e busca sempre a capacitação; que instrui e luta pela prática da inclusão. Eu vivi momentos lindos com Isaque na escola e continuo vivendo até hoje; e sou muito grata a Deus".

"Você, querido leitor, querida mãe, estimado amigo, saiba que durante um longo tempo eu me culpei pelo diagnóstico tardio, pelo desenvolvimento que não teve, pelas terapias não realizadas, contudo um dia resolvi transformar minha experiência em luta, força e ajuda".

"Não romantizo o autismo, mas ele me fez uma pessoa mais forte, madura, e ainda me ensinou a enxergar o mundo de outra forma; e essa nova visão me concedeu uma nova perspectiva sobre quem eu sou. Valente, corajosa e criativa. E, como diz a letra da música da banda Quatro por Um: 'Quando o vento sopra contra mim, os problemas tentam me abater. Eu me lembro: o grande Eu Sou me enviou'. Nós temos um chamado. Viva o seu chamado!".

"Eu e Fabrício sempre fomos muito participativos e atuantes na igreja, durante muito tempo. Deus foi usado como desculpa para não aceitação de um diagnóstico do Isaque. Você sabe o que é ter um filho com autismo no meio cristão? Onde não só aprendemos, mas vivenciamos as curas de Deus? Onde ouvimos e pregamos que Deus faz milagres? Onde falamos de fé e do sobrenatural de Deus para realizar sonhos? E ainda que existem demônios?".

"Diante deste cenário, o preconceito abateu nosso coração, tomou e mudou a nossa forma de pensar. E realmente acreditávamos que Deus iria curar o Isaque. E, para que isso acontecesse, precisávamos orar mais, iniciar campanhas e propósitos de jejum e oração; nos comprometer, de fato, para que o Senhor liberasse a tão sonhada cura para o nosso filho. Como fomos ingênuos e insensíveis. Neste processo, uma verdade fora revelada para todos: quem precisava de cura éramos nós (família). Era eu".

"Mas no dia que saímos do luto e resolvemos lutar, decidimos que faríamos isso em todas as áreas da nossa vida, e isso incluía a igreja; lutaríamos por uma igreja que de fato incluísse e fizesse Jesus Cristo em sua totalidade, afinal ELE veio para todos. Foi nessa época que me encantei pelo departamento infantil e comecei a usá-lo como instrumento de minha caminhada azul. Porém, incluir pessoas com deficiência em nossas igrejas não é tarefa simples. A inclusão vai muito além de dar acesso; envolve a capacidade das pessoas em lidar com o que não conhecem. Um dos motivos que levam as PcDs e seus familiares a se distanciarem das igrejas é a falta de pessoas preparadas para lidar com esse público".

"Não tenho a pretensão de afirmar qual deficiência é mais grave ou com qual as igrejas devem se preocupar; contudo, preciso dizer que as pessoas autistas podem e devem ser consideradas pela sociedade cristã e pelas lideranças religiosas como importantes, assim como os cegos, os surdos, os cadeirantes, entre outros. Para isso, é fundamental lembrarmos que nós cristãos somos chamados a ser a luz e o sal do mundo, isto significa que nosso exemplo deve ser diferente, e muitas igrejas têm deixado de lado esse chamado, e uma forte evidência deste fato é a falta de atenção, diligência e sensibilidade em receber, acolher e cuidar dos nossos irmãos com deficiência, sejam eles crianças, sejam adolescentes, jovens ou adultos".

"A igreja, urgentemente, precisa aprender a zelar pelo bem-estar das pessoas com deficiência. Entendê-las em suas dificuldades e apresentar propostas de ajuda é forma de incluí-las na sociedade e valorizá-las. Neste ponto, podemos exemplificar igrejas que, em seus cultos, reuniões e ajuntamentos, dispõem de pessoas que interagem e cuidam do público PcD. Durante as pregações, vemos pessoas usando a linguagem de sinais, igrejas utilizando sinalização e pictogramas. E por que não separar, capacitar pessoas que possam realizar os atos públicos religiosos aos autistas?".

"Sei que, na verdade, estes ainda são minoria. Infelizmente encontramos nas igrejas muita confusão e pouca informação sobre o assunto, e, como resultado, surge a indiferença. É preciso ouvir a voz das pessoas com alguma deficiência para que possamos entender sua vida e o clamor de seu coração. E isso abrange toda a família. Pois, segundo a Palavra de Deus, somos criados a sua imagem e semelhança (Gênesis 1, 26)".

"O texto bíblico mostra que todos são iguais perante Ele, e esse amor é demonstrado quando Jesus vai ao encontro de todo tipo de pessoa. A Bíblia mostra a preocupação especial de Deus para com as pessoas que são desfavorecidas e excluídas. Ao lermos os relatos dos Evangelhos, vemos as histórias das pessoas que Jesus curava: cegos, surdos, pessoas com deficiência físicas, entre outras. O contexto da época mostra que pessoas diferentes do padrão, das ditas normais pela sociedade, eram marginalizadas e excluídas da sociedade, entretanto Jesus se preocupava com elas e tratava suas necessidades, demonstrando que elas, também, eram dignas de ser tocadas por Ele".

"Em 1 Coríntios 12, Paulo fala da Igreja como um corpo. Apesar de sermos diferentes uns dos outros, todos nós temos valor para Deus. Não há ninguém sem mérito ou valor no Reino de Deus. Ao considerar a história da Igreja pelo prisma do Novo Testamento, afirmo que a Igreja é chamada a ser uma comunidade inclusiva que ofereça amor, valor e respeito a todas as pessoas. Nós somos chamados para dar a todas as pessoas a oportunidade de desempenhar um papel na Igreja e, assim, desenvolver seus dons e talentos; não para gerar e disseminar preconceitos".

"É curioso perceber quanto sentimos pena das pessoas com deficiência, mas não queremos ir muito além disso. Porém, sabemos que as pessoas com deficiência não são vítimas e não querem nosso compadecimento, mas sim o nosso apoio e amizade genuína. Há uma grande diferença entre pena e compaixão. A verdade é que a pena não ajuda ninguém, enquanto a compaixão, a que Cristo demonstrou em seu ministério, tem um enorme potencial para proporcionar oportunidades de desenvolvimento pessoal".

"Isaque, desde muito pequeno, ama e tem prazer em estar na igreja, porém, em sua vida cristã, também enfrentou algumas barreiras. Quando ele era menor, batia as mãos com frequência durante o culto, o que gerava um certo desconforto em quem sentava ao seu lado. Algumas vezes pedíamos para ele parar, outras vezes avisávamos com antecedência, a quem sentasse ao lado, que ele era autista para que a pessoa não se sentisse incomodada. Mesmo assim, uma vez ou outra, ouvíamos 'Aquele menino é doido!' Tais situações às vezes nos entristeciam, e ficávamos chateados; porém, decidimos ignorar quem merece ser ignorado".

"Ele participava com frequência do departamento infantil, no qual foi recebido com muito amor. Vocês se lembram de quando disse que Lucas foi o elo do Isaque com o mundo? Neste momento, Lucas foi mediador e fez grande diferença para que o Isaque pudesse evoluir. As tias do departamento infantil demonstravam cuidados; quando viam algo diferente, sempre usavam o diálogo e, mesmo não havendo um curso, uma capacitação, elas buscavam melhor atendê-lo; quando não conseguiam, vinham até mim ou ao Fabrício para que pudesse ajudar".

"Enquanto Isaque crescia, sua frustração em relação aos cultos demorados também aumentava. Nossas liturgias que passavam do horário sempre eram motivo para agitá-lo. Os autistas seguem uma rotina muito difícil de ser alterada, e Isaque já estava com a dele toda estabelecida e organizada em sua cabeça. As reuniões após os cultos eram os momentos de maior frustração para ele, e foram tempos de muitos diálogos e conversas para que ele entendesse que, uma vez ou outra, os horários seriam flexíveis. Nessa época, começamos a notar que, para ele regular-se (quando o culto demorava um pouco ou quando tinha reunião na igreja), ele começava a correr no pátio que fica à direita da nossa igreja; e até hoje faz sua autorregulação assim; com menos frequência, é claro".

"Entrou no grupo de jovens. Essa fase, da mesma forma que acontece para todos ou grande parte dos autistas, é um momento repleto de desafios, de descobertas, de altos e baixos, no contínuo desenvolvimento deles. E, entre seus 11 e 12 anos, Isaque começa a participar do grupo de jovens da nossa igreja. Novas rotinas na congregação são inseridas na vida dele; novos sentimentos, novas amizades, que exigiram dele habilidades de socialização com um número maior de jovens (que ele não estava habituado a ter)".

"Esse período demanda dos autistas um maior senso de responsabilidade. Nós percebemos o aumento do grau de ansiedade do Isaque, principalmente porque ele apresentava uma certa dificuldade de entender as mudanças que estavam ocorrendo com ele (transição para juventude), em comparação com os outros jovens da igreja. Apesar de todos os adolescentes e jovens da igreja terem ciência do autismo do Isaque, o respeitarem e ficarem ao lado dele, evidenciamos o que é comum nesta idade: a dificuldade em socializar-se. Não porque ele não queria, pois ele tinha e tem vontade, contudo o jovem autista, de alguma forma, não se encaixa nas 'panelinhas' e grupos".

"E, por mais que nós conheçamos o Isaque, algumas coisas serão novas para mim e também ao Fabrício. Nessa etapa, fizemos outras perguntas, tais como: será que as pessoas terão o mesmo cuidado que temos com ele nas redes de jovens (que são os cultos direcionados e realizados pelos adolescentes e jovens)? E outras correlacionadas nos sondam ultimamente, pois hoje Isaque já é um jovem de 18 anos: como será o namoro dele? Será que a moça será a pessoa certa no relacionamento? Inclusive, como será a vida de casado?".

"Sério, gente! Sou mãe e questiono comigo mesma e também com Deus. Pois, apesar de acompanhar o bom desenvolvimento do meu filho durante a infância e adolescência, enquanto jovem, Isaque ainda sofre em fazer amigos, às vezes prefere 'ficar na dele'; não gosta de mudanças bruscas em suas rotinas; tem pessoas que ficam um pouco acanhadas, pois, em alguns momentos de descontração, brincadeiras entre eles, Isaque não assimila o momento da mesma forma que os outros jovens, e Lucas sempre tem que fazer essa ponte do Isaque com o mundo".

"Uma coisa eu sei, continuaremos o acompanhamento de Isaque, focando a sua autoestima e independência, com a esperança de que

Deus cuidará desta etapa e das outras que virão da mesma forma que cuidou dele quando criança e adolescente".

"A Escola Bíblia Dominical [EBD] foi um dos nossos maiores desafios, visto que o Isaque não aprende nem se desenvolve igual aos outros; então, como aprender a palavra de Deus? Os autistas conseguem aprender, têm um cérebro que funciona de uma forma diferente. Portanto, eles aprendem, mas de um outro jeito; e a escola não está preparada para ensinar dessa forma diferente, mas sim para ensinar a média. Contudo, eu acredito que, assim como a escola regular, a EBD pode adaptar atividades, histórias bíblicas, recursos para facilitar a criança, o jovem ou o adulto autista no entendimento da palavra de Deus. Cabe ao professor da EBD executar o seu chamado exercendo uma postura investigativa, afetiva e mediadora, tendo a compreensão das necessidades e dificuldades do seu aluno, levando-o a desenvolver habilidades e competências por meio de atividades de caráter terapêutico, afetivo, social e pedagógico. Afinal, o professor da EBD ensina a mensagem de Cristo, a mais linda de todas as mensagens".

"Isaque aprendeu e se desenvolveu muito na Escola Bíblica com professores que sempre o estimulavam a aprender a palavra de Deus entendendo suas limitações e o instigando a buscar aprender mais e mais. Seja um professor da EBD motivador, investigativo, criativo, que busca aceitar e incluir a todos. Tem alguém sedento para aprender a palavra de Deus esperando uma oportunidade para ser ensinado. Seja você a diferença na vida dessa pessoa".

"Outro momento especial e marcante para mim foi quando Isaque se batizou em águas. Foi quando vi meu filho compreender que Jesus é o único Salvador da vida; e ele se entregou por inteiro para Jesus. Eu me lembro do Isaque entrando nas águas pulando, gesticulando as mãos (característica dos autistas). Mas, com muita paciência, o Pastor Carlinhos (um dos líderes de nossa igreja) o conduziu pois o Isaque estava muito nervoso, ansioso, mas ele tinha convicção de que Deus estava ali, como também estava em todos os momentos da vida dele. Para não ser diferente e tornar o momento inesquecível, o Lucas também estava ao lado dele se batizando. E isso foi algo magnífico! Os dois desceram às águas (foram batizados)".

"Como disse no início desta história, o Lucas sempre foi um canal de Deus com um propósito de amor para todos nós, mas especialmente ao Isaque, como um gancho motivador. Neste dia, eu chorava bastante, emocionada, lembrando-me do que ouvira anos atrás, que meu filho não seria nada, não iria falar, nem dizer 'eu te amo'. Palavras que machucavam e roubavam a minha paz e esperança, mas ele estava ali sendo batizado (!), declarando que Jesus era o único Salvador de sua vida. Não há palavras apropriadas para expressar o que senti nesse dia".

"Nesta parte final, quero ponderar o que para mim é uma igreja ideal. Ou seja, aquela que receba a todos sem preconceito, que entenda a necessidade de ter tradutores de libras, pessoas dentro da igreja especializadas no autismo, no transtorno opositor desafiador, no transtorno do déficit de atenção com hiperatividade, com materiais adaptados para este público; Bíblias adaptadas em braile, rampas para cadeirante, entre outros. Que esse público possa perceber que a igreja é um lugar de acolhimento; um lugar em que possam sentir a presença do Senhor Jesus. E não um lugar de preconceito".

"Não poderia deixar de apontar que seria importantíssimo que a igreja tivesse essa sensibilidade de criar culto infantil, para jovens e adultos, voltada aos autistas, com sonorização e iluminação adequada. Pois, de acordo com o estudo de Paul Lipkin, professor associado à Pediatria do Kennedy Krieger Institute, em Baltimore, Maryland, o autista, ao chegar à juventude, tem dez vezes mais probabilidade de cometer suicídio em comparação a uma pessoa não autista, motivado pelo preconceito, pela não aceitação da família[31]. A igreja precisa compreender e se importar com essas vidas. Existem outros estudos que falam que cerca de 80% dos pais das crianças autistas são separados; eles não aguentam lidar com a realidade do autismo de seus filhos, e geralmente os pais saem de casa[32]".

"Dessa forma, precisamos trazer essas crianças, adolescentes e jovens. Sabendo que, para o autista, é muito mais fácil crescer no evangelho, pois ele precisa da rotina dinâmica, constantemente. Se você é igreja, ame e acolha os autista e seus familiares. Deixo esse desafio à igreja, conhecer de fato o que é o autismo, e isso vai exigir capacitação da liderança, dos pastores, dos ministros, dos membros da comunidade cristã em si, mas será necessário para que todos possam acolher e

---

[31] CASULO, 2022.

[32] JORNAL DA USP, 2020.

conviver sem preconceitos, além de testemunhar o amor de Deus e verdadeiramente 'ser igreja'. Deixe as incertezas, os prejulgamentos, de lado e aprenda a caminhar com as famílias que vivem e convivem com o autismo. Seja igreja. Seja você a igreja".

"Há quem me pergunte: 'Você ainda espera a cura do seu filho?' Descobri, depois de muito tempo, que quem precisava de cura era eu. E sim: hoje eu sou curada. Isaque, Lucas e Rebeca foram o melhor presente que o Senhor poderia ter me dado, minhas heranças; e a história de cada um está sendo escrita pelas mãos do próprio Deus, um completa o outro, e eles me completam. Amo receber toda noite um beijinho, um 'eu te amo' e um boa-noite de todos antes de dormir. O que é rotina para você é, para mim, Deus dizendo: 'Eu amo sua família, filha!' E, assim como Isaque conseguiu ser incluído em escolas, igrejas, entendendo o amor que vem do nosso Deus, desejo que você também seja. Porque eu 'sou igreja'".

"Se você é autista, sinta-se amado. Se você é familiar de um autista, também se sinta amado. Que o amor que vem de Deus o abrace e cuide da sua jornada nesta Terra. E lembre-se: 'Jesus está com você!' Nisto conhecemos o que é o amor: Jesus Cristo deu a sua vida por nós, e devemos dar a nossa vida por nossos irmãos. Se alguém tiver recursos materiais e, vendo seu irmão em necessidade, não se compadecer dele, como pode permanecer nele o amor de Deus? 'Filhinhos, não amemos de palavra nem de boca, mas em ação e em verdade' (1 João 3, 16-18)".

3.14 Deus sabe a intenção de cada coração

Sabe aquela frase "Deus sabe a intenção de cada coração?".

A história de Jane resume-se em fé, esperança e amor. Talvez ela não tivesse imaginado quão longe poderia chegar ou nem mesmo que o próprio Deus queria contar a história d'Ele por meio da vida dela.

"Meu nome é Jane Maria. Sou a mãe do Caio (17 anos) e do Tiago (12 anos). Tiago é autista não verbal e principal inspiração do Sítio Mundo Azul, o primeiro sítio agroinclusivo do Brasil[33].

---

[33] Primeiro sítio turístico agroinclusivo do Brasil, inspirado num japinha autista, louco por água! Sustentabilidade Inclusão. Agendamento: (92) 98218-1321. Disponível em: https://www.instagram.com/sitiomundoazul/; https://www.jcam.com.br/noticias/sitio-mundo-azul-recebe-criancas-autistas-e-pcds/.

Mas, primeiro, vamos fazer uma retrospectiva de como tudo começou. E, para isso, teremos que voltar no tempo, mais precisamente ao ano de 1985, quando eu já tinha 8 anos de idade e vendia tapioquinha nas ruas de Itacoatiara, cidade do interior do Amazonas. Sou a sétima filha da Dona Sebastiana, uma mulher lutadora que criou seus oito filhos e dois netos sozinha, com muito suor e trabalho. Eu ajudava minha mãe com as vendas e me tornei, desde muito cedo, arrimo de família. Nessa idade, eu já tinha um propósito de vida para quando eu crescesse: ser bancária. Isso por conta da influência que exercia sobre mim o trabalho desenvolvido pelos meus principais clientes compradores de tapioca. Eu tinha um encantamento por aquele ambiente do banco. E, quando, ao perguntar como fazia para trabalhar ali, me responderam que eu tinha que estudar bastante e que teria que passar numa prova, surgiu em mim um forte desejo de seguir com meu propósito. E foi assim que 11 anos depois, aos 19 anos, eu faria o meu primeiro concurso público e passaria para trabalhar no Banco da Amazônia, realizando meu sonho de infância. Minha família era muito pobre, mas o trabalho abriu as portas para que eu oferecesse mais qualidade de vida para minha mãe e meus irmãos".

"Depois de passar no concurso do banco, fiz o vestibular e fui aprovada. Então, deixei minha terra natal e vim estudar e trabalhar em Manaus. Foi quando fiz concurso para o Banco do Brasil e a Caixa Econômica; e, sendo aprovada nos dois, optei por trabalhar no Banco do Brasil, empresa onde fiquei até início de 2006".

"Veio minha primeira gravidez, e o banco já tinha perdido o encanto da infância. A realidade era bem diferente daquilo que eu sonhara. E, sendo mãe, sentia que precisava de um trabalho que me desse mais qualidade de vida. Foi quando, já entrando no nono mês da gravidez, fiz a prova do concurso público da Secretaria de Estado da Fazenda e fui aprovada".

"Agora minha vida parecia dar um salto de qualidade e estabilidade financeira. Porém, o casamento acabara quando meu filho Caio estava ainda com 10 meses".

"E lá estava eu recomeçando a vida, agora na qualidade de mãe solteira. Mas isso nunca foi um fardo para mim; afinal de contas, minha mãe tinha criado sozinha 8 filhos e 2 netos... por que, então, eu não conseguiria criar um?".

"Todavia, Deus queria ser generoso comigo, mais uma vez! Por isso, além de um trabalho melhor, também me presenteara com um marido de verdade, aquele que está comigo até hoje, e que me deu o Tiago. E assim, juntos, começamos uma nova história, uma nova jornada, que teve seu ponto alto quando o Tiago completou 2 anos e meio e tivemos o diagnóstico do autismo. Lembro como se fosse hoje...".

"Depois de ouvir o diagnóstico, de uma forma nada positiva, já que a médica enumerou as dificuldades e desafios por que teríamos que passar, sem nenhum tom consolador, saímos sem conseguir dizer uma palavra sequer. Lembro-me de ver meu filho sorrindo e balançando as mãos, enquanto o pai, calado, colocava-lhe o cinto de segurança, prendendo a cadeirinha. Foi quando meu marido, com os olhos cheios de lágrimas, segurando minha mão, falou: 'A médica disse que 90% dos casais se separam. Nós estaremos, porém, nos 10%'".

"Sim, ele segurou firme a minha mão. O alento que tive naquela hora, ao perceber que eu não estava só, queria para todas as mães atípicas, mas, infelizmente, muitas já recebem o diagnóstico em pleno estado de solidão".

"E foi assim que juntos, eu e meu marido, começamos uma longa jornada rumo ao desconhecido. Percorremos o Brasil, buscamos diversas abordagens terapêuticas. Mas nosso filho pouco progredia, independentemente de qual fosse a abordagem. Era cansativo, mas desistir não era a alternativa. E seguíamos tentando. Aos 5 anos, começaram as crises autoagressivas, e isso nos destroçava por dentro. Tiago não progredia na escola, às terapias respondia muito pouco. Hoje, com o diagnóstico de deficiência intelectual associada ao autismo, conseguimos compreender melhor suas limitações. Mas seguimos com os trabalhos, pois acreditamos que todos são capazes de se desenvolver, não no mesmo grau e intensidade, mas se desenvolvem".

"E, por conta das dificuldades que tínhamos com o Tiago quando queríamos passear com ele em lugares públicos, parques, balneários etc., resolvemos comprar um sítio. Lá seria o espaço do Tiago, livre de preconceito, de olhares maldosos, livre de todo tipo de julgamento. Um lugar para ele ter contato com a natureza e com os animais e para brincar livre. Foi assim que surgiu o Sítio Mundo Azul".

"O que não sabíamos é que o sítio se tornaria uma proposta de turismo inclusivo, tal qual é hoje. E assim chegamos ao tempo presente!"

"Com uma página de 25 mil seguidores no Instagram, que nos acompanham de vários estados do país, hoje o sítio desenvolve um trabalho pioneiro no Brasil. São várias famílias impactadas com o nosso trabalho diferenciado de turismo rural inclusivo. Hoje recebemos diversas instituições, escolas, grupos de mães, empresas e famílias típicas e atípicas que compartilhar o mesmo espaço e esbanjando empatia, alegria e amor ao próximo. Todos que chegam ao sítio se sentem tão bem acolhidos que fazem daquele lugar uma extensão de seu quintal. E é bem assim que a gente quer que seja. Um espaço para todos, um espaço cheio de amor e de aconchego. Para as famílias que já passam por inúmeros desafios, ter um dia de alegria e de paz com seu filho neurodiverso faz uma grande diferença".

"Agora o sítio não é mais só do Tiago.

Tomou uma grande proporção!

O sítio é de todos que o acolherem no coração.

É meu, é seu, é deste mundão".

3.15 Adoção de uma criança autista

Sabemos que o perfil desejado por quem deseja adotar é diferente do perfil de quem aguarda ser adotado. Crianças e adolescentes com deficiência ou doenças graves integram o perfil menos buscado por quem deseja adotar. Contudo, além do amor e do compromisso, existem pessoas que são otimistas e generosas em acreditar que uma criança com deficiência, síndrome ou transtorno pode ser amada e é capaz de se desenvolver, independentemente de carregar sua genética ou não.

Assim é a história da professora Aurilene Silva de Souza, que adotou uma criança com três dias de nascida e descobriu, em alguns meses, que essa criança era diferente, contudo não desistiu de Léo Souza Reis, que foi diagnosticado autista.

"Léo não se comportava como os outros bebês, não chorava quando estava com fome, não mantinha contato visual, e isso me intrigava muito. Foi quando busquei ajuda com sua pediatra, e tive uma resposta muito vaga para aquilo que estava experimentando no dia a dia com o Léo. Quando ele fez 1 ano, algo me chamou atenção: compramos alguns brinquedos bem coloridos que acendiam luzes e achávamos que aqueles brinquedos o ajudariam, mas ele não teve interesse algum, a não ser pelas embalagens.

"Andou, engatinhou, mas não falava. Tínhamos que ser bem intuitivos para saber quando ele precisava de algo, principalmente para comer, pois nunca reclamava de nada nem apontava quando queria algo. Procuramos uma fonoaudióloga e uma psicóloga, e foi quando me deparei com a palavra 'autismo'. Tendo tal conhecimento, o levei para o neurologista, e mais uma vez a resposta foi vaga para aquilo que vivia no dia a dia com meu filho. A recomendação do neurologista: 'Coloque seu filho em uma escola para que ele tenha contato com outras crianças; deve se sentir muito sozinho'. Como assim?".

"Léo tinha algumas estereotipias, batia a cabeça no chão, na parede, nos joelhos das pessoas, e era muito agitado o tempo todo. Alguma coisa estava acontecendo com meu filho. Foi quando finalmente teve o diagnóstico de autismo e tive a oportunidade de conhecer o Mupa, através de uma reportagem na televisão".

"No Mupa conheci a psicopedagoga Socorro Santos, que prontamente iniciou um trabalho com Léo, que tinha muitos problemas sensoriais, como tecidos que o incomodavam, o cabelo, que não deixava pentear, e aos poucos foi sendo alfabetizado — somente aos 4 anos começou a falar. O Mupa era nossa segunda casa, porque ali pude ver que meu filho e eu não estávamos sozinhos; e, com todas as dificuldades, tínhamos pessoas comprometidas em nos assistir".

"O processo de adoção demorou quase dois anos; e, [quando] finalmente [tivemos] o diagnóstico de autismo, a coisa desenrolou em 15 dias. Me surpreendi! Mas, segundo a assistente social, com esse diagnóstico ficou tudo bem mais fácil. Afinal, a maioria das pessoas não quer adotar crianças com algum tipo de deficiência".

"Não somente o Léo teve que se adaptar a sua realidade; eu também tive que rever toda minha vida desde a profissional, a particular, mas em nenhum momento trouxe para meu coração nenhum tipo de arrependimento".

"Hoje Léo continua sendo assistido pelo Mupa, por outros profissionais, por mim, quando estamos em casa. Sou grata a muitas pessoas envolvidas no desenvolvimento do Léo, mas sei que meu filho hoje deve muito aos cuidados da psicopedagoga Socorro Santos, que abraçou sua causa e com muito amor e profissionalismo cedeu seu tempo para preparar o Léo com a máxima autonomia para chegar aonde ele está hoje, no sétimo ano escolar. Meu sentimento é de gratidão".

3.16 Sam Beldie: ter autismo é como carregar um rótulo

Em nossas pesquisas em sites, blogs, livros, depoimentos, deparamo-nos com a história de Sam Beldie, um jovem autista de 17 anos que conseguiu dar uma palestra no evento TEDxYouth@Laval, e não poderíamos deixar de incluir sua história neste livro, o que poderá ser uma proposta de outro livro contando que a vida pode ser um pouco mais difícil e incomum para um autista. Esse relato encontramos no blog Autismo e Realidade[34].

"Ter autismo é como carregar um rótulo. As pessoas me tratam de forma diferente"[35], afirma Sam Beldie, um jovem de 17 anos em sua palestra no TEDxYouth@Laval[36]. Sam é um autista que só conseguiu começar a falar aos 4 anos, com a ajuda de terapia e o apoio da família.

[...]

Sam conta que, ainda bebê, não gostava de ser tocado, nem de barulhos altos – um sinal de hipersensibilidade auditiva, comum entre autistas.

O autismo é um distúrbio do neurodesenvolvimento e se manifesta de forma diferente em cada pessoa, por isso é considerado um espectro. Por isso, seu nome médico é Transtorno do Espectro Autista".

[...]

"Eu consigo lidar com disfunções sensoriais, participo de uma banda de rock e consegui falar no TEDxLeval", diz o garoto.

[...]

"Eu posso não parecer tão diferente. Eu vou para escola, faço lição de casa, gosto de ouvir música, jogar videogame, gosto de praticar esportes e competir, gosto de sair com meus amigos e tenho sentimentos, assim como qualquer um. Posso me sentir feliz, triste, frustrado, bravo, confuso, cansado. Basicamente, sou um adolescente comum. Mas a vida não é sempre tão fácil para mim e isso definitivamente não é algo comum", desabafa o jovem.

---

[34] Formada em 2010 como uma associação de pais e profissionais de saúde, o Autismo e Realidade nasceu com o propósito de difundir conhecimento sobre os transtornos do espectro autista, combatendo preconceitos e auxiliando na orientação de familiares, professores e cuidadores. A motivação para a iniciativa partiu do casal Paula e Hermelindo de Oliveira, que, após o diagnóstico de TEA da filha Júlia, percebeu a grande falta de orientações sobre como lidar com o distúrbio. Disponível em: https://autismoerealidade.org.br/2022/01/25/a-experiencia-autista/.

[35] Disponível em: https://autismoerealidade.org.br/2022/01/25/a-experiencia-autista/.

[36] Formada em 2010 como uma associação de pais e profissionais de saúde, o Autismo e Realidade nasceu com o propósito de difundir conhecimento sobre os Transtornos do Espectro Autista (TEA), combatendo preconceitos e auxiliando na orientação de familiares, professores e cuidadores.

O que não é comum é perceber o tratamento diferente das outras pessoas. "Às vezes eu consigo entender o motivo. Às vezes, não." Sam tem dificuldades, por exemplo, de compreender se alguém está contando uma piada ou dizendo algo sério. Para ele também é difícil perceber se alguém está tirando sarro dele ou não, ou até mesmo compreender certas questões em uma prova ou um trabalho.

[....]

"Eu também tenho tendência a interpretar errado algumas coisas ou tornar algumas questões maiores do que realmente são. Ainda que isso seja um desafio, eu me esforço todos os dias para as pessoas me aceitarem."

Como consequência dessa dificuldade de compreensão, autistas acabam sendo excluídos de grupos sociais. "Eu fui vítima de cyberbullying, de comentários feitos pelas minhas costas, fui excluído e alvo de chacota. Acho que isso acontece porque as outras crianças ficam irritadas comigo porque eu não entendo do que elas estão falando ou porque faço esforço demais para tentar me encaixar ou pedindo para eles repetirem algo para que eu possa entender", relata Sam.

A diferença dos autistas se dá por causa de sua composição cerebral. "Quando pessoas com autismo fazem coisas que parecem desajeitadas, pode não ser de propósito, mas porque o cérebro delas não funciona como um cérebro neurotípico", detalha o jovem. "Um cérebro autista não segue os padrões usuais de um cérebro neurotípico. Isto significa que um autista pode ter dificuldades para lidar com coisas como emoções, criatividade, julgamento e comunicação."

Sam lembra, no entanto, que "ainda que seja um desafio, há autistas que são gênios em coisas como matemática, música, ciência ou talvez fascinados sobre outras coisas". Um dos exemplos é a maior personalidade autista viva, a veterinária Temple Grandin, que revolucionou as técnicas de manejo de gado. "Há pessoas que pensam que autistas não são inteligentes. Elas estão erradas. Pessoas no espectro podem concluir o ensino médio, ir à universidade, ter bons empregos, ter amigos, casar e ter uma família", diz o jovem.

"Na escola, eu ouvi muita gente usando o autismo como piada quando alguém fazia algo estúpido com os amigos. Mas, do meu ponto de vista, elas ainda têm muito a aprender", diz Sam. Vale lembrar que o uso dos termos autismo ou autista para desqualificar uma pessoa é considerado um ato de capacitismo, com punição prevista em lei. Ser autista é uma condição humana. No Brasil, por lei, o autismo é considerado uma deficiência que garante direitos específicos, com consequências jurídicas em casos de desrespeito.

[...]

O ponto de Sam, no entanto, é que não são só os autistas que gostariam de ser incluídos. A vontade de pertencer é humana. "Você não precisa ter autismo para querer fazer parte das coisas, querer se encaixar. Ninguém gosta de ser excluído, alvo de chacota ou sentir que não pertence a algum lugar", diz.

"Todo mundo é diferente ou pode ser mal compreendido. Algumas pessoas podem sofrer de depressão ou solidão, ou ter problemas dentro de casa. E se todos nós temos forças e fraquezas, e se você admite ou perceber isso, todo mundo faz algo que alguém vai achar esquisito ou irritante", reflete Sam.

[...]

O afastamento, a falta de atenção, de convites para festas, de oferecimento de ajuda e até mesmo de ofertas de trabalho. A exclusão afeta a todos os que cercam o autista e, para ele, pode gerar transtornos psíquicos, como depressão, e até levar ao suicídio.

Pode parecer um tanto exagerado, mas vale lembrar que as taxas de suicídio entre autistas são até dez vezes mais altas que entre pessoas neurotípicas.

"O que eu tenho esperança que aconteça é que as pessoas enxerguem o autismo além de um rótulo, que consigam enxergar uma pessoa. Uma pessoa que pode estar assustada, preocupada, feliz. Ou que faz sua lição de casa, que ama música e esportes. Uma pessoa que pode ser diferente, mas que é mais parecida com você do que você pensa", afirma Sam.

Uma das maneiras de reduzir o estigma de pessoas com autismo está na produção cultural. Assistir a meia hora de uma série com um protagonista autista gera mais interesse e desperta mais empatia do que uma palestra sobre o tema, por exemplo. Não à toa, é justamente a um artista que Sam recorre para concluir sua palestra. "Nas palavras de Bono, o vocalista da banda U2, sermos um só, estarmos unidos, é algo bom, mas respeitar o direito de ser diferente é talvez ainda melhor."

4

DIREITOS DAS CRIANÇAS COM DEFICIÊNCIA

Ser cidadão é, também, conhecer nossos direitos e cumprir nossos deveres. Para isso, as leis podem ajudar muito! Elas são as "regras do jogo" e existem para garantir que a democracia e os direitos de todos sejam respeitados. Com isso, importa estarmos cientes de nossos direitos e deveres e contribuirmos para um mundo mais justo a todos.

Sabemos, no entanto, que as leis nem sempre foram justas, que nem sempre protegeram os que tinham menor poder político e econômico, e ainda hoje isso acontece. Em países democráticos como o nosso, podemos ter voz com os nossos representantes no parlamento, que são os que fazem as leis, para que eles aprovem leis que beneficiem toda a população.

4.1 Convenção sobre os Direitos das Pessoas com Deficiência[37]

Segundo o Protocolo Facultativo à Convenção sobre os Direitos das Pessoas com Deficiência, os defensores dos Direitos Humanos estão se multiplicando, ganhando mais visibilidade tanto nas instituições governamentais como na sociedade. Desse diálogo permanente, reforçam-se a promoção e a defesa da pessoa humana, suas condições de vida e acesso aos bens e serviços, com segurança e autonomia. Direitos Humanos são direitos de todos, embora sejam necessárias nuances específicas para grupos mais vulneráveis e antes relegados à periferia dos fatos. Sob a égide dos Direitos Humanos, estas pessoas estarão em condições de conquistar a cidadania.

Por esta razão, em amplo consenso bem trabalhado pela Organização das Nações Unidas (ONU), nasceu a primeira convenção internacional do milênio. E o Brasil faz parte do processo de construção da Convenção sobre os Direitos das Pessoas com Deficiência, tendo apoiado e contribuído em todas as etapas da elaboração desse tratado, desde 2002. A Missão Diplomática do Brasil junto à ONU, os especialistas da Coordenadoria Nacional para Integração da Pessoa Portadora de Deficiência (Corde) e as entidades

---

[37] Disponível em: http://portal.mec.gov.br/index.phpoption=com_docman&view=download&alias=424-cartilha-c&category_slug=documentos-pdf&Itemid=30192.

de defesa dos direitos, entre elas o Conselho Nacional dos Direitos da Pessoa Portadora de Deficiência (Conade), foram incansáveis impulsionadores de um texto arrojado, que contém muito do marco legal brasileiro, o que mostra como foi acertada a decisão de dar força a essa atividade de articulação internacional.

A Convenção sobre os Direitos das Pessoas com Deficiência e seu Protocolo Facultativo, que garantem monitoramento e cumprimento das obrigações do Estado, foram assinados, sem reservas, em 30 de março de 2007, em um gesto de total compromisso do governo brasileiro com a conquista histórica da sociedade mundial e, principalmente, com o desafio vencido pelos 24,5 milhões de brasileiras e brasileiros com deficiência. Foram redigidos 50 artigos que tratam dos direitos civis, políticos, econômicos, sociais e culturais, revestidos com tudo que se faz indispensável para a emancipação desses cidadãos. Com a Convenção da ONU, se não há acessibilidade, isso significa que há discriminação, condenável do ponto de vista moral e ético e punível na forma da lei. Cada Estado parte se obriga a promover a inclusão em bases iguais com as demais pessoas, bem como a dar acesso a todas as oportunidades existentes para a população em geral.

Artigo 7

Crianças com deficiência

1. Os Estados Partes tomarão todas as medidas necessárias para assegurar às crianças com deficiência o pleno exercício de todos os direitos humanos e liberdades fundamentais, em igualdade de oportunidades com as demais crianças.

2. Em todas as ações relativas às crianças com deficiência, o superior interesse da criança receberá consideração primordial.

3. Os Estados Partes assegurarão que as crianças com deficiência tenham o direito de expressar livremente sua opinião sobre todos os assuntos que lhes disserem respeito, tenham a sua opinião devidamente valorizada de acordo com sua idade e maturidade, em igualdade de oportunidades com as demais crianças, e recebam atendimento adequado à sua deficiência e idade, para que possam exercer tal direito.

Artigo 8

Conscientização

1) Os Estados Partes se comprometem a adotar medidas imediatas, efetivas e apropriadas para:

a) Conscientizar toda a sociedade, inclusive as famílias, sobre as condições das pessoas com deficiência e fomentar o respeito pelos direitos e pela dignidade das pessoas com deficiência;

b) Combater estereótipos, preconceitos e práticas nocivas em relação a pessoas com deficiência, inclusive aqueles relacionados a sexo e idade, em todas as áreas da vida;

c) Promover a conscientização sobre as capacidades e contribuições das pessoas com deficiência.

2) As medidas para esse fim incluem:

a) Lançar e dar continuidade a efetivas campanhas de conscientização públicas, destinadas a:

i) Favorecer atitude receptiva em relação aos direitos das pessoas com deficiência;

ii) Promover percepção positiva e maior consciência social em relação às pessoas com deficiência;

iii) Promover o reconhecimento das habilidades, dos méritos e das capacidades das pessoas com deficiência e de sua contribuição ao local de trabalho e ao mercado laboral;

b) Fomentar em todos os níveis do sistema educacional, inclusive em todas as crianças desde tenra idade, uma atitude de respeito para com os direitos das pessoas com deficiência;

c) Incentivar todos os órgãos da mídia a retratar as pessoas com deficiência de maneira compatível com o propósito da presente Convenção;

d) Promover programas de formação em sensibilização a respeito das pessoas com deficiência e sobre os direitos das pessoas com deficiência.

Artigo 9

Acessibilidade

1. A fim de possibilitar às pessoas com deficiência viver de forma independente e participar plenamente de todos os aspectos da vida, os Estados Partes tomarão as medidas apropriadas para assegurar às pessoas com deficiência o acesso, em igualdade de oportunidades com as demais pessoas, ao meio físico, ao transporte, à informação e comunicação, inclusive aos sistemas e tecnologias da informação e comunicação, bem como a outros serviços e instalações abertos ao público ou de uso público, tanto na zona urbana como na rural. Essas medidas, que incluirão a identificação e a eliminação de obstáculos e barreiras à acessibilidade, serão aplicadas, entre outros, a:

a. Edifícios, rodovias, meios de transporte e outras instalações internas e externas, inclusive escolas, residências, instalações médicas e locais de trabalho; b. Informações, comunicações e outros serviços, inclusive serviços eletrônicos e serviços de emergência;

2. Os Estados Partes também tomarão medidas apropriadas para:

a. Desenvolver, promulgar e monitorar a implementação de normas e diretrizes mínimas para a acessibilidade das instalações e dos serviços abertos ao público ou de uso público;

b. Assegurar que as entidades privadas que oferecem instalações e serviços abertos ao público ou de uso público levem em consideração todos os aspectos relativos à acessibilidade para pessoas com deficiência;

c. Proporcionar, a todos os atores envolvidos, formação em relação às questões de acessibilidade com as quais as pessoas com deficiência se confrontam;

d. Dotar os edifícios e outras instalações abertas ao público ou de uso público de sinalização em Braille e em formatos de fácil leitura e compreensão;

e. Oferecer formas de assistência humana ou animal e serviços de mediadores, incluindo guias, ledores e intérpretes profissionais da língua de sinais, para facilitar o acesso aos edifícios e outras instalações abertas ao público ou de uso público;

f. Promover outras formas apropriadas de assistência e apoio a pessoas com deficiência, a fim de assegurar a essas pessoas o acesso a informações;

g. Promover o acesso de pessoas com deficiência a novos sistemas e tecnologias da informação e comunicação, inclusive à internet;

h. Promover, desde a fase inicial, a concepção, o desenvolvimento, a produção e a disseminação de sistemas e tecnologias de informação e comunicação, a fim de que esses sistemas e tecnologias se tornem acessíveis a custo mínimo.

Artigo 10

Direito à vida

Os Estados Partes reafirmam que todo ser humano tem o direito inerente à vida e tomarão todas as medidas necessárias para assegurar o efetivo exercício desse direito pelas pessoas com deficiência, em igualdade de oportunidades com as demais pessoas.

Artigo 11

Situações de risco e emergências humanitárias

Em conformidade com suas obrigações decorrentes do direito internacional, inclusive do direito humanitário internacional e do direito internacional dos direitos humanos, os Estados Partes tomarão todas as medidas necessárias para assegurar a proteção e a segurança das pessoas com deficiência que se encontrarem em situações de risco, inclusive situações de conflito armado, emergências humanitárias e ocorrência de desastres naturais.

Artigo 12

Reconhecimento igual perante a lei

1. Os Estados Partes reafirmam que as pessoas com deficiência têm o direito de ser reconhecidas em em todos os lugares como pessoas perante a lei.

2. Os Estados Partes reconhecerão que as pessoas com deficiência gozam de capacidade legal em igualdade de condições com as demais pessoas em todos os aspectos da vida.

3. Os Estados Partes tomarão medidas apropriadas para prover o acesso de pessoas com deficiência ao apoio de que necessitarem no exercício de sua capacidade legal.

4. Os Estados Partes assegurarão que todas as medidas relativas ao exercício da capacidade legal incluam salvaguardas apropriadas e efetivas para prevenir abusos, em conformidade com o direito internacional dos direitos humanos. Essas salvaguardas assegurarão que as medidas relativas ao exercício da capacidade legal respeitem os direitos, a vontade e as preferências da pessoa, sejam isentas de conflito de interesses e de influência indevida, sejam proporcionais e apropriadas às circunstâncias da pessoa, se apliquem pelo período mais curto possível e sejam submetidas à revisão regular por uma autoridade ou órgão judiciário competente, independente e imparcial. As salvaguardas serão proporcionais ao grau em que tais medidas afetarem os direitos e interesses da pessoa.

5. Os Estados Partes, sujeitos ao disposto neste Artigo, tomarão todas as medidas apropriadas e efetivas para assegurar às pessoas com deficiência o igual direito de possuir ou herdar bens, de controlar as próprias finanças e de ter igual acesso a empréstimos bancários, hipotecas e outras formas de crédito financeiro, e assegurarão que as pessoas com deficiência não sejam arbitrariamente destituídas de seus bens.

Artigo 13

Acesso à justiça

1. Os Estados Partes assegurarão o efetivo acesso das pessoas com deficiência à justiça, em igualdade de condições com as demais pessoas, inclusive mediante a provisão de adaptações processuais adequadas à idade, a fim de facilitar o efetivo papel das pessoas com deficiência como participantes diretos ou indiretos, inclusive como testemunhas, em todos os procedimentos jurídicos, tais como investigações e outras etapas preliminares.

2. A fim de assegurar às pessoas com deficiência o efetivo acesso à justiça, os Estados Partes promoverão a capacitação apropriada daqueles que trabalham na área de administração da justiça, inclusive a polícia e os funcionários do sistema penitenciário.

Artigo 14

Liberdade e segurança da pessoa

1. Os Estados Partes assegurarão que as pessoas com deficiência, em igualdade de oportunidades com as demais pessoas:

(a) Gozem do direito à liberdade e à segurança da pessoa;

(b) Não sejam privadas ilegal ou arbitrariamente de sua liberdade e que toda privação de liberdade esteja em conformidade com a lei, e que a existência de deficiência não justifique a privação de liberdade;

2. Os Estados Partes assegurarão que, se pessoas com deficiência forem privadas de liberdade mediante algum processo, elas, em igualdade de oportunidades com as demais pessoas, façam jus a garantias de acordo com o direito internacional dos direitos humanos e sejam tratadas em conformidade com os objetivos e princípios da presente Convenção, inclusive mediante a provisão de adaptação razoável.

Artigo 15

Prevenção contra tortura ou tratamentos ou penas cruéis, desumanos ou degradantes

1. Nenhuma pessoa será submetida à tortura ou a tratamentos ou penas cruéis, desumanos ou degradantes. Em especial, nenhuma pessoa deverá ser sujeita a experimentos médicos ou científicos sem seu livre consentimento.

2. Os Estados Partes tomarão todas as medidas efetivas de natureza legislativa, administrativa, judicial ou outra, para evitar que pessoas com deficiência, do mesmo modo que as demais pessoas, sejam submetidas à tortura ou a tratamentos ou penas cruéis, desumanos ou degradantes.

Artigo 16

Prevenção contra a exploração, a violência e o abuso

1. Os Estados Partes tomarão todas as medidas apropriadas de natureza legislativa, administrativa, social, educacional e outras, para proteger as pessoas com deficiência, tanto dentro como fora do lar, contra todas as formas de exploração, violência e abuso, incluindo aspectos relacionados a gênero.

2. Os Estados Partes também tomarão todas as medidas apropriadas para prevenir todas as formas de exploração, violência e abuso, assegurando, entre outras coisas, formas apropriadas de atendimento e apoio que levem em conta o gênero e a idade das pessoas com deficiência e de seus familiares e atendentes, inclusive mediante a provisão de informação e educação sobre a maneira de evitar, reconhecer e denunciar casos de exploração, violência e abuso. Os Estados Partes assegurarão que os serviços de proteção levem em conta a idade, o gênero e a deficiência das pessoas.

3. A fim de prevenir a ocorrência de quaisquer formas de exploração, violência e abuso, os Estados Partes assegurarão que todos os programas e instalações destinados a atender pessoas com deficiência sejam efetivamente monitorados por autoridades independentes.

4. Os Estados Partes tomarão todas as medidas apropriadas para promover a recuperação física, cognitiva e psicológica, inclusive mediante a provisão de serviços de proteção, a reabilitação e a reinserção social de pessoas com deficiência que forem vítimas de qualquer forma de exploração, violência ou abuso. Tais recuperação e reinserção ocorrerão em ambientes que promovam a saúde, o bem-estar, o auto-respeito, a dignidade e a autonomia da pessoa e levem em consideração as necessidades de gênero e idade.

5. Os Estados Partes adotarão leis e políticas efetivas, inclusive legislação e políticas voltadas para mulheres e crianças, a fim de assegurar que os casos de exploração, violência e abuso contra pessoas com deficiência sejam identificados, investigados e, caso necessário, levados à justiça.

Artigo 17

Proteção da integridade da pessoa

Toda pessoa com deficiência tem o direito a que sua integridade física e mental seja respeitada, em igualdade de condições com as demais pessoas.

Artigo 18

Liberdade de movimentação e nacionalidade

1. Os Estados Partes reconhecerão os direitos das pessoas com deficiência à liberdade de movimentação, à liberdade de escolher sua residência e à nacionalidade, em igualdade de oportunidades com as demais pessoas, inclusive assegurando que as pessoas com deficiência:

a. Tenham o direito de adquirir nacionalidade e mudar de nacionalidade e não sejam privadas arbitrariamente de sua nacionalidade em razão de sua deficiência.

b. Não sejam privadas, por causa de sua deficiência, da competência de obter, possuir e utilizar documento comprovante de sua nacionalidade ou outro documento de identidade, ou de recorrer a processos relevantes, tais como procedimentos relativos à imigração, que forem necessários para facilitar o exercício de seu direito à liberdade de movimentação.

c. Tenham liberdade de sair de qualquer país, inclusive do seu; d. Não sejam privadas, arbitrariamente ou por causa de sua deficiência, do direito de entrar no próprio país.

2. As crianças com deficiência serão registradas imediatamente após o nascimento e terão, desde o nascimento, o direito a um nome, o direito de adquirir nacionalidade e, tanto quanto possível, o direito de conhecer seus pais e de ser cuidadas por eles.

Artigo 19

Vida independente e inclusão na comunidade

Os Estados Partes desta Convenção reconhecem o igual direito de todas as pessoas com deficiência de viver na comunidade, com a mesma liberdade de escolha que as demais pessoas, e tomarão medidas efetivas e apropriadas para facilitar às pessoas com deficiência o pleno gozo desse direito e sua plena inclusão e participação na comunidade, inclusive assegurando que:

a. As pessoas com deficiência possam escolher seu local de residência e onde e com quem morar, em igualdade de oportunidades com as demais pessoas, e que não sejam obrigadas a viver em determinado tipo de moradia;

b. As pessoas com deficiência tenham acesso a uma variedade de serviços de apoio em domicílio ou em instituições residenciais ou a outros serviços comunitários de apoio, inclusive os serviços de atendentes pessoais que forem necessários como apoio para que as pessoas com deficiência vivam e sejam incluídas na comunidade e para evitar que fiquem isoladas ou segregadas da comunidade;

c. Os serviços e instalações da comunidade para a população em geral estejam disponíveis às pessoas com deficiência, em igualdade de oportunidades, e atendam às suas necessidades.

Artigo 20

Mobilidade pessoal

Os Estados Partes tomarão medidas efetivas para assegurar às pessoas com deficiência sua mobilidade pessoal com a máxima independência possível:

a. Facilitando a mobilidade pessoal das pessoas com deficiência, na forma e no momento em que elas quiserem, e a custo acessível;

b. Facilitando às pessoas com deficiência o acesso a tecnologias assistivas, dispositivos e ajudas técnicas de qualidade, e formas de assistência humana ou animal e de mediadores, inclusive tornando-os disponíveis a custo acessível;

c. Propiciando às pessoas com deficiência e ao pessoal especializado capacitação em técnicas de mobilidade;

d. Incentivando entidades que produzem ajudas técnicas de mobilidade, dispositivos e tecnologias assistivas a levarem em conta todos os aspectos relativos à mobilidade de pessoas com deficiência.

Artigo 21

Liberdade de expressão e de opinião e acesso à informação

Os Estados Partes tomarão todas as medidas apropriadas para assegurar que as pessoas com deficiência possam exercer seu direito à liberdade de expressão e opinião, inclusive à liberdade de buscar, receber e compartilhar informações e idéias, em igualdade de oportunidades com as demais pessoas e por intermédio de todas as formas de comunicação de sua escolha, conforme o disposto no Artigo 2 da presente Convenção, entre as quais:

a. Fornecer, prontamente e sem custo adicional, às pessoas com deficiência, todas as informações destinadas ao público em geral em formatos acessíveis e tecnologias apropriadas aos diferentes tipos de deficiência;

b. Aceitar e facilitar, em trâmites oficiais, o uso de línguas de sinais, Braille, comunicação aumentativa e alternativa, e de todos os demais meios, modos e formatos acessíveis de comunicação, à escolha das pessoas com deficiência;

c. Urgir as entidades privadas que oferecem serviços ao público em geral, inclusive por meio da internet, a fornecer informações e serviços em formatos acessíveis, que possam ser usados por pessoas com deficiência;

d. Incentivar a mídia, inclusive os provedores de informação pela internet, a tornar seus serviços acessíveis a pessoas com deficiência; e. Reconhecer e promover o uso de línguas de sinais.

Artigo 22

Respeito à privacidade

1. Nenhuma pessoa com deficiência, qualquer que seja seu local de residência ou tipo de moradia, estará sujeita a interferência arbitrária ou ilegal em sua privacidade, família, lar, correspondência ou outros tipos de comunicação, nem a ataques ilícitos à sua honra e reputação. As pessoas com deficiência têm o direito à proteção da lei contra tais interferências ou ataques. 2. Os Estados Partes protegerão a privacidade dos dados pessoais e dados relativos à saúde e à reabilitação de pessoas com deficiência, em igualdade de condições com as demais pessoas.

Artigo 23

Respeito pelo lar e pela família

1. Os Estados Partes tomarão medidas efetivas e apropriadas para eliminar a discriminação contra pessoas com deficiência, em todos os aspectos relativos a casamento, família, paternidade e relacionamentos, em igualdade de condições com as demais pessoas, de modo a assegurar que:

a. Seja reconhecido o direito das pessoas com deficiência, em idade de contrair matrimônio, de casar-se e estabelecer família, com base no livre e pleno consentimento dos pretendentes;

b. Sejam reconhecidos os direitos das pessoas com deficiência de decidir livre e responsavelmente sobre o número de filhos e o espaçamento entre esses filhos e de ter acesso a informações adequadas à idade e a educação em matéria de reprodução e de planejamento familiar, bem como os meios necessários para exercer esses direitos.

c. As pessoas com deficiência, inclusive crianças, conservem sua fertilidade, em igualdade de condições com as demais pessoas.

2. Os Estados Partes assegurarão os direitos e responsabilidades das pessoas com deficiência, relativos à guarda, custódia,

curatela e adoção de crianças ou instituições semelhantes, caso esses conceitos constem na legislação nacional. Em todos os casos, prevalecerá o superior interesse da criança. Os Estados Partes prestarão a devida assistência às pessoas com deficiência para que essas pessoas possam exercer suas responsabilidades na criação dos filhos.

3. Os Estados Partes assegurarão que as crianças com deficiência terão iguais direitos em relação à vida familiar. Para a realização desses direitos e para evitar ocultação, abandono, negligência e segregação de crianças com deficiência, os Estados Partes fornecerão prontamente informações abrangentes sobre serviços e apoios a crianças com deficiência e suas famílias. 4. Os Estados Partes assegurarão que uma criança não será separada de seus pais contra a vontade destes, exceto quando autoridades competentes, sujeitas a controle jurisdicional, determinarem, em conformidade com as leis e procedimentos aplicáveis, que a separação é necessária, no superior interesse da criança. Em nenhum caso, uma criança será separada dos pais sob alegação de deficiência da criança ou de um ou ambos os pais.

5. Os Estados Partes, no caso em que a família imediata de uma criança com deficiência não ter condições de cuidar da criança, farão todo esforço para que cuidados alternativos sejam oferecidos por outros parentes e, se isso não for possível, dentro de ambiente familiar, na comunidade.

Artigo 24

Educação

1. Os Estados Partes reconhecem o direito das pessoas com deficiência à educação. Para efetivar esse direito sem discriminação e com base na igualdade de oportunidades, os Estados Partes assegurarão sistema educacional inclusivo em todos os níveis, bem como o aprendizado ao longo de toda a vida, com os seguintes objetivos:

a. O pleno desenvolvimento do potencial humano e do senso de dignidade e auto-estima, além do fortalecimento do respeito pelos direitos humanos, pelas liberdades fundamentais e pela diversidade humana;

b. O máximo desenvolvimento possível da personalidade, dos talentos e da criatividade das pessoas com deficiência, assim como de suas habilidades físicas e intelectuais;

c. A participação efetiva das pessoas com deficiência em uma sociedade livre.

2. Para a realização desse direito, os Estados Partes assegurarão que:

a. As pessoas com deficiência não sejam excluídas do sistema educacional geral sob alegação de deficiência e que as crianças com deficiência não sejam excluídas do ensino primário gratuito e compulsório ou do ensino secundário, sob alegação de deficiência;

b. As pessoas com deficiência possam ter acesso ao ensino primário inclusivo, de qualidade e gratuito, e ao ensino secundário, em igualdade de condições com as demais pessoas na comunidade em que vivem;

c. Adaptações razoáveis de acordo com as necessidades individuais sejam providenciadas;

d. As pessoas com deficiência recebam o apoio necessário, no âmbito do sistema educacional geral, com vistas a facilitar sua efetiva educação;

e. Medidas de apoio individualizadas e efetivas sejam adotadas em ambientes que maximizem o desenvolvimento acadêmico e social, de acordo com a meta de inclusão plena.

3. Os Estados Partes assegurarão às pessoas com deficiência a possibilidade de adquirir as competências práticas e sociais necessárias de modo a facilitar às pessoas com deficiência sua plena e igual participação no sistema de ensino e na vida em comunidade. Para tanto, os Estados Partes tomarão medidas apropriadas, inclusive:

a. Tornando disponível o aprendizado do Braille, escrita alternativa, modos, meios e formatos de comunicação aumentativa e alternativa, e habilidades de orientação e mobilidade, além de facilitação de apoio e aconselhamento de pares;

b. Tornando disponível o aprendizado da língua de sinais e promoção da identidade lingüística da comunidade surda;

c. Garantindo que a educação de pessoas, em particular crianças cegas, surdocegas e surdas, seja ministrada nas línguas e nos modos e meios de comunicação mais adequados ao indivíduo e em ambientes que favoreçam ao máximo seu desenvolvimento acadêmico e social.

4. A fim de contribuir para o exercício desse direito, os Estados Partes tomarão medidas apropriadas para empregar professores, inclusive professores com deficiência, habilitados para o ensino da língua de sinais e/ou do Braille, e para capacitar profissionais e equipes atuantes em todos os níveis de ensino. Essa capacitação incorporará a conscientização

da deficiência e a utilização de modos, meios e formatos apropriados de comunicação aumentativa e alternativa, e técnicas e materiais pedagógicos, como apoios para pessoas com deficiência.

5. Os Estados Partes assegurarão que as pessoas com deficiência possam ter acesso ao ensino superior em geral, treinamento profissional de acordo com sua vocação, educação para adultos e formação continuada, sem discriminação e em igualdade de condições. Para tanto, os Estados Partes assegurarão a provisão de adaptações razoáveis para pessoas com deficiência.

Artigo 25

Saúde

Os Estados Partes reconhecem que as pessoas com deficiência têm o direito de gozar o melhor estado de saúde possível, sem discriminação baseada na deficiência. Os Estados Partes tomarão todas as medidas apropriadas para assegurar às pessoas com deficiência o acesso a serviços de saúde, incluindo os serviços de reabilitação, que levarão em conta as especificidades de gênero. Em especial, os Estados Partes:

a. Oferecerão às pessoas com deficiência programas e atenção à saúde gratuitos ou a custos acessíveis da mesma qualidade, variedade e padrão que são oferecidos às demais pessoas, inclusive na área de saúde sexual e reprodutiva e de programas de saúde pública destinados à população em geral;

b. Propiciarão serviços de saúde que as pessoas com deficiência necessitam especificamente por causa de sua deficiência, inclusive diagnóstico e intervenção precoces, bem como serviços projetados para reduzir ao máximo e prevenir deficiências adicionais, inclusive entre crianças e idosos;

c. Propiciarão esses serviços de saúde às pessoas com deficiência, o mais próximo possível de suas comunidades, inclusive na zona rural;

d. Exigirão dos profissionais de saúde que dispensem às pessoas com deficiência a mesma qualidade de serviços dispensada às demais pessoas e, principalmente, que obtenham o consentimento livre e esclarecido das pessoas com deficiência concernentes. Para esse fim, os Estados Partes realizarão atividades de formação e definirão regras éticas para os setores de saúde público e privado, de modo a conscientizar os profissionais de saúde acerca dos direitos humanos, da dignidade, autonomia e das necessidades das pessoas com deficiência;

e. Proibirão a discriminação contra pessoas com deficiência na provisão de seguro de saúde e seguro de vida, caso tais seguros sejam permitidos pela legislação nacional, os quais deverão ser providos de maneira razoável e justa;

f. Prevenirão que se negue, de maneira discriminatória, os serviços de saúde ou de atenção à saúde ou a administração de alimentos sólidos ou líquidos por motivo de deficiência.

Artigo 26

Habilitação e reabilitação

1. Os Estados Partes tomarão medidas efetivas e apropriadas, inclusive mediante apoio dos pares, para possibilitar que as pessoas com deficiência conquistem e conservem o máximo de autonomia e plena capacidade física, mental, social e profissional, bem como plena inclusão e participação em todos os aspectos da vida. Para tanto, os Estados Partes organizarão, fortalecerão e ampliarão serviços e programas completos de habilitação e reabilitação, particularmente nas áreas de saúde, emprego, educação e serviços sociais, de modo que esses serviços e programas:

a. Comecem no estágio mais precoce possível e sejam baseados em avaliação multidisciplinar das necessidades e pontos fortes de cada pessoa;

b. Apóiem a participação e a inclusão na comunidade e em todos os aspectos da vida social, sejam oferecidos voluntariamente e estejam disponíveis às pessoas com deficiência o mais próximo possível de suas comunidades, inclusive na zona rural.

2. Os Estados Partes promoverão o desenvolvimento da capacitação inicial e continuada de profissionais e de equipes que atuam nos serviços de habilitação e reabilitação.

3. Os Estados Partes promoverão a disponibilidade, o conhecimento e o uso de dispositivos e tecnologias assistivas, projetados para pessoas com deficiência e relacionados com a habilitação e a reabilitação.

Artigo 27

Trabalho e emprego

1. Os Estados Partes reconhecem o direito das pessoas com deficiência ao trabalho, em igualdade de oportunidades com as demais pessoas. Este direito abrange o direito à oportunidade de se manter com um trabalho de sua livre escolha ou aceitação no mercado laboral, em ambiente de trabalho que seja aberto, inclusivo e acessível a pessoas com deficiência. Os

Estados Partes salvaguardarão e promoverão a realização do direito ao trabalho, inclusive daqueles que tiverem adquirido uma deficiência no emprego, adotando medidas apropriadas, incluídas na legislação, com o fim de, entre outros:

a. Proibir a discriminação baseada na deficiência com respeito a todas as questões relacionadas com as formas de emprego, inclusive condições de recrutamento, contratação e admissão, permanência no emprego, ascensão profissional e condições seguras e salubres de trabalho;

b. Proteger os direitos das pessoas com deficiência, em condições de igualdade com as demais pessoas, às condições justas e favoráveis de trabalho, incluindo iguais oportunidades e igual remuneração por trabalho de igual valor, condições seguras e salubres de trabalho, além de reparação de injustiças e proteção contra o assédio no trabalho;

c. Assegurar que as pessoas com deficiência possam exercer seus direitos trabalhistas e sindicais, em condições de igualdade com as demais pessoas;

d. Possibilitar às pessoas com deficiência o acesso efetivo a programas de orientação técnica e profissional e a serviços de colocação no trabalho e de treinamento profissional e continuado;

e. Promover oportunidades de emprego e ascensão profissional para pessoas com deficiência no mercado de trabalho, bem como assistência na procura, obtenção e manutenção do emprego e no retorno ao emprego;

f. Promover oportunidades de trabalho autônomo, empreendedorismo, desenvolvimento de cooperativas e estabelecimento de negócio próprio;

g. Empregar pessoas com deficiência no setor público;

h. Promover o emprego de pessoas com deficiência no setor privado, mediante políticas e medidas apropriadas, que poderão incluir programas de ação afirmativa, incentivos e outras medidas;

i. Assegurar que adaptações razoáveis sejam feitas para pessoas com deficiência no local de trabalho;

j. Promover a aquisição de experiência de trabalho por pessoas com deficiência no mercado aberto de trabalho; 32 Pag.

k. Promover reabilitação profissional, manutenção do emprego e programas de retorno ao trabalho para pessoas com deficiência.

2. Os Estados Partes assegurarão que as pessoas com deficiência não serão mantidas em escravidão ou servidão e que serão protegidas, em igualdade de condições com as demais pessoas, contra o trabalho forçado ou compulsório.

4.2 Lei de Diretrizes e Bases da Educação Nacional[38]

CAPÍTULO V

Da Educação Especial

Art. 58. Entende-se por educação especial, para os efeitos desta Lei, a modalidade de educação escolar oferecida preferencialmente na rede regular de ensino, para educandos com deficiência, transtornos globais do desenvolvimento e altas habilidades ou superdotação.

§ 1º Haverá, quando necessário, serviços de apoio especializado, na escola regular, para atender às peculiaridades da clientela de educação especial.

§ 2º O atendimento educacional será feito em classes, escolas ou serviços especializados, sempre que, em função das condições específicas dos alunos, não for possível a sua integração nas classes comuns de ensino regular.

§ 3º A oferta de educação especial, dever constitucional do Estado, tem início na faixa etária de zero a seis anos, durante a educação infantil.

Art. 59. Os sistemas de ensino assegurarão aos educandos com deficiência, transtornos globais do desenvolvimento e altas habilidades ou superdotação:

I – currículos, métodos, técnicas, recursos educativos e organização específicos, para atender às suas necessidades;

II – terminalidade específica para aqueles que não puderem atingir o nível exigido para a conclusão do ensino fundamental, em virtude de suas deficiências, e aceleração para concluir em menor tempo o programa escolar para os superdotados;

III – professores com especialização adequada em nível médio ou superior, para atendimento especializado, bem como professores do ensino regular capacitados para a integração desses educandos nas classes comuns;

IV – educação especial para o trabalho, visando a sua efetiva integração na vida em sociedade, inclusive condições adequadas

---

[38] Disponível em: https://www2.senado.leg.br/bdsf/bitstream/handle/id/70320/65.pdf.

para os que não revelarem capacidade de inserção no trabalho competitivo, mediante articulação com os órgãos oficiais afins, bem como para aqueles que apresentam uma habilidade superior nas áreas artística, intelectual ou psicomotora;

V – acesso igualitário aos benefícios dos programas sociais suplementares disponíveis para o respectivo nível do ensino regular.

Art. 59-A. O poder público deverá instituir cadastro nacional de alunos com altas habilidades ou superdotação matriculados na educação básica e na educação superior, a fim de fomentar a execução de políticas públicas destinadas ao desenvolvimento pleno das potencialidades desse alunado.

Parágrafo único. A identificação precoce de alunos com altas habilidades ou superdotação, os critérios e procedimentos para inclusão no cadastro referido no *caput* deste artigo, as entidades responsáveis pelo cadastramento, os mecanismos de acesso aos dados do cadastro e as políticas de desenvolvimento das potencialidades do alunado de que trata o *caput* serão definidos em regulamento.

Art. 60. Os órgãos normativos dos sistemas de ensino estabelecerão critérios de caracterização das instituições privadas sem fins lucrativos, especializadas e com atuação exclusiva em educação especial, para fins de apoio técnico e financeiro pelo Poder Público.

Parágrafo único. O poder público adotará, como alternativa preferencial, a ampliação do atendimento aos educandos com deficiência, transtornos globais do desenvolvimento e altas habilidades ou superdotação na própria rede pública regular de ensino, independentemente do apoio às instituições previstas neste artigo.

4.3 Resolução da Educação Especial do Município de Manaus[39]

RESOLUÇÃO N. 011/CME/2016

APROVADA EM 02.06.2016.

Institui novos procedimentos e orientações para Educação Especial, na perspectiva da Educação Inclusiva, no Sistema Municipal de Ensino de Manaus.

O CONSELHO MUNICIPAL DE EDUCAÇÃO DO MUNICÍPIO DE MANAUS, no uso de suas atribuições

---

[39] Disponível em: https://semed.manaus.am.gov.br/educacao-especial-legislacao/.

legais e, em conformidade com o disposto no art. 205 e 208, inciso III da Constituição da República Federativa do Brasil de 1988; na Lei de Diretrizes e Bases da Educação Nacional n.º 9.394/96, arts. 58 a 60; na Lei Federal n.º 7.853/89, regulamentada pelo Decreto n.º 3.298/99; na Lei Federal n.º 10.098/00; na Lei Federal n.º 10.436/02, regulamentada pelo Decreto n.º 5.626/05; na Lei Federal n.º 12.764/12; na Lei n.º 12.796/13 que altera a LDBEN; no Decreto Federal n.º 7.611/11; na Lei Federal n.º13.005/14 que aprova o Plano Nacional de Educação-PNE; na Lei Municipal n.º 2000/15 que aprova o Plano Municipal de Educação-PME; na Lei Federal n.º13.146/15 (Estatuto da Pessoa com Deficiência) e, com fundamento nas Resoluções CNE/CEB n.º2/2001, 4/2009, 7/2010 e 4/2010; na Política Nacional de Educação Especial na perspectiva da Educação Inclusiva, MEC/2008; considerando ainda a necessidade de estabelecer critérios para o Sistema Municipal de Ensino quanto à oferta da Educação Especial, na perspectiva da Educação Inclusiva.

RESOLVE:

Art. 1º – Instituir novos procedimentos e orientações para a Educação Especial, na perspectiva da Educação Inclusiva, no Sistema Municipal de Ensino de Manaus. INSTITUI novos procedimentos e orientações para Educação Especial, na perspectiva da Educação Inclusiva, no Sistema Municipal de Ensino de Manaus.

CAPÍTULO I

DA EDUCAÇÃO ESPECIAL NA PERSPECTIVA DA EDUCAÇÃO INCLUSIVA

Art. 2º – A Educação Especial é uma modalidade de ensino que perpassa todos os níveis, etapas e modalidades da Educação Básica; realiza o Atendimento Educacional Especializado (AEE) para os estudantes público alvo da Educação Especial; disponibiliza recursos e serviços e orienta quanto a sua utilização no processo de ensino e aprendizagem nas turmas comuns de ensino regular.

Art. 3º – A Educação Especial, na perspectiva da Educação Inclusiva, dever constitucional do Estado e da família é modalidade de educação escolar oferecida para educandos com deficiência, transtornos do espectro autista e altas habilidades/superdotação, preferencialmente na rede regular de ensino pública e privada, ou em centros educacionais especializados.

Parágrafo único – A oferta da Educação Especial é obrigatória na Educação Básica, tendo início na Educação Infantil, na faixa de 0 (zero) a 5 (cinco) anos de idade.

Art. 4º – A Educação Especial fundamenta-se nos seguintes princípios:

I – ético: da autonomia, da responsabilidade, da solidariedade e do respeito ao bem comum;

II – político: dos deveres de cidadania, do exercício da criticidade e do respeito à ordem democrática;

III – estético: da sensibilidade, da criatividade, do lúdico, da qualidade e da diversidade de manifestações artísticas e culturais;

IV – da dignidade da pessoa humana: identidade social, individualidade, autoestima, liberdade, respeito às diferenças como base para a constituição e fortalecimento de valores, atitudes, conhecimentos, habilidades e competências; V – da inclusão: voltado para o reconhecimento e a valorização das diferenças e potencialidades do estudante, bem como de suas necessidades específicas de educação na ação pedagógica;

VI – da totalidade: numa concepção inclusiva que articula as ações educativas regulares e as desenvolvidas por serviços especializados;

VII – da igualdade de condições para acesso, permanência e sucesso na escola.

Art. 5º – A Educação Especial tem como objetivo assegurar a inclusão do aluno, público alvo da Educação Especial, preferencialmente, pela escola regular, favorecendo o desenvolvimento de competências, atitudes, habilidades, autonomia e acesso ao conhecimento necessário ao exercício da cidadania.

Art. 6º – O Sistema Municipal de Ensino, no âmbito da educação pública e privada, deve garantir aos estudantes público alvo da Educação Especial a igualdade de condições de acesso, permanência, participação e aprendizagem, por meio da oferta de serviços e de recursos de acessibilidade que eliminem as barreiras e promovam a inclusão plena, assegurando:

I – currículos, métodos, técnicas, recursos educativos e organização específicos, flexibilizados e adequados conforme a necessidade;

II – terminalidade específica para aqueles que não puderem atingir o nível exigido para a conclusão do ensino fundamental, em virtude de suas deficiências, e aceleração para concluir em menor tempo o programa escolar para os estudantes que apresentarem altas habilidades/superdotação;

III – professores com formação adequada para o atendimento educacional especializado, bem como professores do ensino regular capacitados para a inclusão desses estudantes nas classes comuns;

IV – Educação Especial para o mundo do trabalho, visando a sua efetiva inclusão na vida em sociedade, inclusive articulação com os órgãos oficiais afins para garantir condições adequadas aos que não revelarem capacidade de inserção no trabalho competitivo, bem como para aqueles que apresentem habilidades superiores nas áreas artística, intelectual ou psicomotora;

V – acesso igualitário aos benefícios dos programas sociais disponíveis para o respectivo nível do ensino regular;

VI – projeto pedagógico que institucionalize o atendimento educacional especializado, assim como os demais serviços e adaptações necessárias para atender as características dos estudantes com deficiência, transtorno global do desenvolvimento e altas habilidades/superdotação e garantir seu pleno acesso ao currículo em condições de igualdade, promovendo a conquista e o exercício de sua autonomia;

VII – identificação precoce de estudantes com altas habilidades/superdotação, matriculados nas instituições públicas e privadas do sistema municipal de ensino de Manaus, a fim de fomentar a execução de políticas públicas destinadas ao desenvolvimento pleno das potencialidades desse alunado.

CAPÍTULO II

DO PÚBLICO ALVO DA EDUCAÇÃO ESPECIAL NA PERSPECTIVA DA EDUCAÇÃO INCLUSIVA

Art. 7º – Considera-se público alvo da Educação Especial, de acordo com a Política Nacional de Educação Especial na perspectiva da Educação Inclusiva:

I – estudantes com Deficiência: Intelectual, Física e Sensorial (Deficiência Auditiva/Surdez, Cegueira, Baixa Visão), Surdocegueira e Múltipla;

II – estudantes com Transtorno do Espectro Autista (TEA);

III – estudantes com Altas Habilidades/Superdotação.

Art. 8º – As áreas de deficiência, de acordo com sua categoria específica, estão assim definidas, conforme estabelece as legislações vigentes:

I – Deficiência Intelectual (Transtorno do Desenvolvimento Intelectual - TDI) – é um transtorno com início no período de desenvolvimento que inclui déficits funcionais, tanto intelectuais quanto adaptativos, nos domínios conceitual, social e prático;

II– Deficiência Auditiva: a) Deficiência Auditiva – perda bilateral, parcial ou total, de quarenta e um decibéis (dB) ou mais, aferida por audiograma nas frequências de 500Hz, 1.000Hz, 2.000Hz e 3.000Hz; b) Surdez – considera-se pessoa surda aquela que, por ter perda auditiva, compreende e interage com o mundo por meio de experiências visuais, manifestando sua cultura principalmente pelo uso da Língua Brasileira de Sinais (LIBRAS);

III – Deficiência Visual:

a) Cegueira - a acuidade visual é igual ou menor que 0,05 no melhor olho, com a melhor correção óptica;

b) Baixa Visão - significa acuidade visual entre 0,3 e 0,05 no melhor olho, com a melhor correção óptica; os casos nos quais a somatória da medida do campo visual em ambos os olhos for igual ou menor que 60°; ou a ocorrência simultânea de quaisquer das condições anteriores;

IV – Deficiência Física – alteração completa ou parcial de um ou mais segmentos do corpo humano, acarretando o comprometimento da função física, apresentando-se sob a forma de paraplegia, paraparesia, monoplegia, monoparesia, tetraplegia, tetraparesia, triplegia, triparesia, hemiplegia, hemiparesia, ostomia, amputação ou ausência de membro, paralisia cerebral, nanismo, membros com deformidade congênita ou adquirida, exceto as deformidades estéticas e as que não produzam dificuldades para o desempenho de funções;

V – Deficiência Múltipla – pessoas com mais de uma deficiência associada. É uma condição heterogênea que identifica diferentes grupos de pessoas, revelando associações diversas de deficiências que afetam, mais ou menos intensamente, o funcionamento individual e o relacionamento social;

VI – Surdocegueira – é uma deficiência única que requer uma abordagem específica para favorecer a pessoa com surdocegueira e um sistema para dar este suporte, englobando:

a) Indivíduos que eram cegos e se tornaram surdos;

b) Indivíduos que eram surdos e se tornaram cegos;

c) Indivíduos que se tornaram surdocegos;

d) Indivíduos que nasceram ou adquiriram surdocegueira precocemente, ou seja, não tiveram a oportunidade de desenvolver linguagem, habilidades comunicativas ou cognitivas nem base conceitual sobre a qual possam construir uma compreensão de mundo;

VII – Transtorno do Espectro Autista (TEA) – é considerada pessoa com transtorno do espectro autista aquela portadora de síndrome clínica com as seguintes características:

a) deficiência persistente e clinicamente significativa da comunicação e da interação sociais, manifestada por deficiência marcada de comunicação verbal e não verbal usada para interação social; ausência de reciprocidade social; falência em desenvolver e manter relações apropriadas ao seu nível de desenvolvimento;

b) padrões restritivos e repetitivos de comportamentos, interesses e atividades, manifestados por comportamentos motores ou verbais estereotipados ou por comportamentos sensoriais incomuns; excessiva aderência a rotinas e padrões de comportamento ritualizados; interesses restritos e fixos;

VIII – Altas Habilidades/Superdotação – pessoas com altas habilidades/superdotação são aqueles que demonstram potencial elevado em qualquer uma das seguintes áreas, isoladas ou combinadas: intelectual, acadêmica, liderança, psicomotricidade e artes; também apresentam elevada criatividade, grande envolvimento na aprendizagem e realização de tarefas em áreas de seu interesse.

Art. 9º – Os estudantes público alvo da Educação Especial, que necessitem ser identificados por serviços especializados, devem ser encaminhados pelas respectivas escolas, após prévia avaliação, realizada com orientação de equipe pedagógica e/ou multidisciplinar, fundamentada nos resultados obtidos pelos estudantes no processo de ensino e aprendizagem. Parágrafo único – As Instituições de ensino privado poderão criar centros especializados para identificação e atendimento dos seus estudantes.

Art. 10 – A avaliação da deficiência, quando necessária, será biopsicossocial, realizada por equipe multiprofissional e interdisciplinar e considerará:

I – os impedimentos nas funções e nas estruturas;

II – os fatores socioambientais, psicológicos e sociais;

III – a limitação no desempenho de atividades; e

IV – a restrição de participação.

CAPÍTULO III
DA MATRÍCULA

Art. 11 – As Instituições de Educação, mantidas pelo Poder Público Municipal, e as de Educação Infantil, mantidas pela iniciativa privada, deverão realizar chamada pública para matrícula antecipada dos estudantes da Educação Especial.

§ 1º – O fato da matrícula dos estudantes da Educação Especial ser realizada em período anterior aos demais não impedirá que, a qualquer tempo do período letivo, o estudante venha a ser matriculado.

§ 2º – Exceto nos casos das deficiências visíveis, o responsável pelo estudante deverá apresentar um dos seguintes documentos comprobatórios da deficiência:

a) Laudo médico;

b) Avaliação multiprofissional;

c) Relatório do professor do AEE.

Art. 12 – A matrícula antecipada, para os estudantes público alvo da Educação Especial, ocorrerá de acordo com o calendário de matrícula proposto pelas Instituições de ensino público e privado.

Art. 13 – A matrícula antecipada tem por finalidade favorecer a organização:

a) do ambiente escolar no que tange à formação das turmas;

b) do quadro de professores;

c) do Atendimento Educacional Especializado (AEE);

d) da acessibilidade;

e) do material pedagógico; e

f) das adequações arquitetônicas e ambientais.

Art. 14 – O laudo médico é documento obrigatório para efeito de registro escolar, devendo ser apresentado como documento complementar.

Art. 15 – O Sistema Municipal de Ensino deverá assegurar a matrícula de estudantes público alvo da Educação Especial e dotar as escolas, onde houver esse atendimento, de condições adequadas para uma educação de qualidade, reconhecendo e valorizando as singularidades, diferenças e potencialidades no processo de ensino e aprendizagem, devendo atender as seguintes orientações:

I – estabelecer parcerias entre os órgãos governamentais para atender as variáveis implícitas à qualidade do processo formativo dos estudantes público alvo da Educação Especial;

II – cada turma deverá receber no máximo 02 (dois) estudantes público alvo da Educação Especial;

III – em caso de comprovada necessidade, cada turma com aluno público alvo da Educação Especial deverá contar com a atuação de um profissional de apoio escolar.

Art. 16 – Considerando a quantidade de matrículas, em cada turma haverá diminuição do número de estudantes para cada estudante público alvo da Educação Especial incluído, reduzindo-se 2 (dois) estudantes regulares para cada aluno da Educação Especial matriculado.

§ 1º – A Rede Pública Municipal de Ensino deverá criar turmas de Educação de Jovens e Adultos (EJA), com no máximo 15 estudantes, no período diurno para propiciar a inclusão de estudantes público alvo da Educação Especial, com idade acima de 15 anos, ampliando as oportunidades de escolarização, formação para inserção no mundo do trabalho e efetiva participação social.

CAPÍTULO IV

DOS SERVIÇOS DE APOIO ESPECIALIZADO

Art. 17 – As Instituições de Educação, mantidas pelo Poder Público Municipal, e as de Educação Infantil mantidas pela iniciativa privada, deverão garantir aos estudantes público alvo da Educação Especial, com recursos próprios ou por meio de parcerias intersetoriais/interinstitucionais, serviços de apoio especializado voltados a eliminar as barreiras que possam obstruir o processo de escolarização de estudantes com deficiência, Transtorno do Espectro Autista (TEA) e altas habilidades/superdotação.

Seção I

DO Atendimento Educacional Especializado

Art. 18 – O Atendimento Educacional Especializado (AEE) é um serviço realizado de forma complementar e/ou suplementar à escolarização dos estudantes público alvo da Educação Especial, visando à sua autonomia e independência na escola comum e fora dela, não sendo substitutivo à escolarização.

Parágrafo único – O AEE deve ser oferecido no turno inverso ao da classe comum.

Art. 19 – O AEE tem como função identificar, elaborar e organizar recursos pedagógicos e de acessibilidade que contribuam para eliminar as barreiras para a plena participação dos estudantes, considerando suas necessidades específicas.

Art. 20 – O AEE deve integrar o Projeto Político Pedagógico da escola e envolver a família, buscando garantir pleno acesso e participação dos estudantes, de modo a atender as necessidades específicas das pessoas público alvo da Educação Especial, e ser realizado em articulação com as demais políticas públicas.

Art. 21 – Tendo como parâmetro a Política Nacional de Educação Especial na perspectiva da Educação Inclusiva no Sistema Municipal de Ensino, o Atendimento Educacional Especializado (AEE) será oferecido prioritariamente:

I – nas Salas de Recursos (SR) e Salas de Recursos Multifuncionais (SRM) das próprias unidades de ensino, mantidas pelo Poder Público Municipal, e as de Educação Infantil, mantidas pela iniciativa privada;

II – em outras escolas de ensino comum próximas, as quais devem se organizar de forma a atender às necessidades específicas destes estudantes;

III – em Centros de Atendimento Educacional Especializado.

§ 1º – O atendimento nas Salas de Recursos (SR) e nas Salas de Recursos Multifuncionais (SRM) será realizado por profissional capacitado, que poderá fazê-lo de forma individual ou em pequenos grupos, somente para estudantes público alvo da Educação Especial, e em horário inverso ao frequentado no ensino comum.

§ 2º – As Salas de Recursos (SR) e as Salas de Recursos Multifuncionais (SRM) deverão ser organizadas com a finalidade de atender os estudantes público alvo da Educação Especial, em todos os níveis de ensino (Educação Infantil, Ensino Fundamental do 1º ao 9º ano e Educação de Jovens e Adultos).

§ 3º – Caso não seja possível a oferta do AEE ou equivalente em Instituição próxima, a SEMED deverá promover articulação intersetorial/interinstitucional visando a oferta de transporte para os estudantes público alvo da Educação Especial da Rede Municipal de Ensino.

§ 4º – As Instituições privadas de ensino devem oferecer o AEE e estruturá-lo, com recursos próprios ou por meio de parcerias intersetoriais/interinstitucionais, conforme determina a legislação vigente e os documentos norteadores do Ministério da Educação (MEC).

Art. 22 – Para o Atendimento Educacional Especializado (AEE), as Instituições de Ensino deverão ser organizadas de forma a:

I – prover condições de acesso, participação e aprendizagem nas classes comuns;

II – garantir a transversalidade das ações da Educação Especial nas classes comuns;

III – fomentar o desenvolvimento de recursos didáticos e pedagógicos que favoreçam o processo de ensino-aprendizagem;

IV – assegurar a articulação das ações pedagógicas desenvolvidas no Atendimento Educacional Especializado (AEE) e em classes comuns;

V – garantir igualdade de tratamento, dispensado na inserção aos benefícios oportunizados pelos programas sociais suplementares.

Parágrafo único – A unidade de ensino detalhará no seu Regimento Interno o atendimento destinado aos estudantes público alvo da Educação Especial, de acordo com a legislação vigente.

Art. 23 – Exigir-se-á, como formação mínima para atuar nas classes comuns do ensino regular e nas Salas de Recursos Multifuncionais (SRM), o disposto no artigo 62 da Lei de Diretrizes e Bases da Educação Nacional n.º 9.394/96, devendo ser oferecidas pelo Sistema Municipal de Ensino oportunidades de:

I – formação continuada de professores para o Atendimento Educacional Especializado (AEE), na perspectiva da educação inclusiva;

II – formação de gestores, educadores e demais profissionais da escola para a Educação Inclusiva.

Art. 24 – O Sistema Municipal de Ensino deverá oferecer, às crianças de 0 (zero) a 3 (três) anos de idade estimulação essencial, voltada para o desenvolvimento global da criança envolvendo atividades terapêuticas e educacionais que lhes proporcione condições e adaptações às suas necessidades e aprimore suas competências e habilidades de interação social e aprendizagens significativas.

Art. 25 – As Instituições pertencentes ao Sistema Municipal de Ensino deverão atuar, quando necessário, nas Classes Hospitalares e no Atendimento em Ambiente Domiciliar dando continuidade ao processo de desenvolvimento e ao processo de aprendizagem dos estudantes, contribuindo para o retorno e reintegração destes ao ambiente escolar.

Parágrafo único – É obrigatória a ação integrada entre a escola, o Sistema de Saúde e a família do aluno com necessidades educacionais especiais, quando o tratamento de saúde implique internação hospitalar, atendimento ambulatorial ou permanência prolongada em domicílio.

Art. 26 – São dimensões do Atendimento Educacional Especializado, devendo estar articuladas com o Projeto Político Pedagógico da escola:

I – a Língua Brasileira de Sinais (Libras);

II – o Sistema Braille;

III – a orientação e mobilidade;

IV – a tecnologia assistiva;

V – a informática educativa;

VI – o enriquecimento e a flexibilização curricular e/ou estimulação de habilidades;

VII – as atividades de vida autônoma e social, entre outras;

VIII – a aceleração escolar para os educandos com altas habilidades/superdotação.

§1º – Caberá ao Sistema Municipal de Ensino assegurar:

I – oferta de educação bilíngue, em Libras como primeira língua e na modalidade escrita da língua portuguesa como segunda língua, em escolas e classes bilíngues e em escolas inclusivas;

II – oferta do Sistema Braille e o uso de recursos de tecnologia assistiva, de forma a ampliar habilidades funcionais dos estudantes, promovendo sua autonomia e participação;

III – formação e disponibilização de professores para o atendimento educacional especializado, de tradutores e intérpretes de Libras, de guias intérpretes e de profissionais de apoio.

Art. 27 – Os estabelecimentos de ensino público e privado que ofertarem oficinas pedagógicas devem garantir que:

I – o projeto de oficinas pedagógicas promova um ambiente escolar centrado na formação do aluno, para a atuação no mundo produtivo e capacitação no desenvolvimento de atividades econômicas e laborais cotidianas;

II – os estudantes das oficinas pedagógicas devem ser avaliados por meio de parecer descritivo, com emissão de boletim pedagógico específico.

Art. 28 – Recomenda-se à Secretaria Municipal de Educação (SEMED) e às Instituições Educacionais da rede privada a constituição de parcerias com Instituições de Ensino Superior para a realização de pesquisas e estudos de caso, relativos ao processo de ensino e aprendizagem de estudantes público alvo da Educação Especial, visando ao aperfeiçoamento do processo educativo.

Art. 29 – O financiamento do conjunto de serviços e profissionais que atendem aos estudantes da Educação Especial deve integrar os custos gerais com a manutenção e desenvolvimento do ensino, sendo disponibilizados em qualquer nível, etapa ou modalidade de ensino, no âmbito da educação pública e privada.

Parágrafo único – Os custos gerais com a manutenção e desenvolvimento do ensino não deverão ser transferidos às famílias dos estudantes, público alvo da Educação Especial, por meio da cobrança de taxas ou qualquer outra forma de repasse desta atribuição.

Art. 30 – Esta Resolução entra em vigor na data de sua publicação.

Art. 31 – Revoga-se a Resolução n.º 010/CME/2011 deste Conselho Municipal de Educação do Município de Manaus e outras disposições em contrário.

SALA DAS SESSÕES PLENÁRIA DO CONSELHO MUNICIPAL DE EDUCAÇÃO.

Manaus, 02 de junho de 2016.

4.4 Lei n.º 2.260, de 4 de dezembro de 2017[40]

DISPÕE sobre as medidas a serem adotadas para identificar, acompanhar e auxiliar o aluno portador de TDAH e/ou dislexia nas redes pública e privada de ensino do município de Manaus e dá outras providências.

O PREFEITO DE MANAUS, no uso das atribuições que lhe são conferidas pelo art. 80, inc. IV, da Lei Orgânica_do Município de Manaus, FAÇO SABER que o Poder Legislativo decretou e eu sanciono a seguinte Lei:

Art. 1º Ficam estabelecidas, nesta Lei, medidas a serem adotadas, com o auxílio dos professores, coordenadores, diretores e demais membros da equipe multidisciplinar das redes privada e pública de ensino, para identificar, acompanhar e auxiliar o aluno portador de dislexia e/ou Transtorno do Déficit de Atenção/Hiperatividade (TDAH).

§ 1º As medidas dar-se-ão por meio de um sistema de identificação, objetivando a detecção precoce e o acompanhamento

---

[40] Disponível em: https://leismunicipais.com.br/a/am/m/manaus/lei-ordinaria/2017/226/2260/lei-ordinaria-n-2260-2017-dispoe-sobre-as-medidas-a-serem-adotadas-para-identificar-acompanhar-e-auxiliar-o-aluno-portador-de-tdah-e-ou-dislexia-nas-redes-publica-e-privada-de-ensino-do-municipio-de-manaus-e-da-outras-providencias.

dos estudantes com os distúrbios mencionados, com a realização periódica de exames e avaliações psicopedagógicas nos alunos matriculados, preferencialmente com auxílio de médicos, psicólogos e/ou fonoaudiólogos.

§ 2º O acompanhamento educacional especializado será feito por mediadores da área de Educação na própria sala de aula.

Art. 2º As medidas previstas nesta Lei deverão abranger, também, a capacitação permanente dos educadores para que tenham condições de identificar os sinais da dislexia e/ou do Transtorno do Déficit de Atenção/Hiperatividade (TDAH) nos estudantes, bem como realizar as flexibilizações curriculares, com avaliações diversificadas que contemplem as habilidades, atendendo às necessidades educacionais específicas no desenvolvimento do estudante.

Art. 3º As medidas mencionadas no caput do artigo 2º são:

I - capacitação e orientação de professores, coordenadores, diretores e demais membros da equipe multidisciplinar das redes privada e pública de ensino, fornecidas e ministradas por profissionais de saúde, credenciados ou integrantes da rede municipal, sobre os aspectos globais do TDAH e/ou da dislexia e suas implicações, com o objetivo de identificar possíveis sintomas no comportamento do aluno;

II - consulta aos pais ou responsáveis pelo aluno, esclarecendo-os sobre os possíveis sintomas do TDAH e/ou da dislexia, para que possam se manifestar, por escrito, concordando ou não com a realização dos exames e, caso seja necessário, procedimentos diferenciados;

III - acompanhamento adequado do aluno portador do TDAH e/ou dislexia, em consonância com a sintomatologia, de acordo com as recomendações clínicas e pedagógicas, durante todo período escolar;

IV - capacitação de professores, coordenadores, diretores e demais membros da equipe escolar com a finalidade de prevenir e repelir qualquer forma de tratamento preconceituoso, buscando dinamizar as atividades educacionais, sempre interagindo com o aluno portador de TDAH e/ou dislexia.

Parágrafo único. Fica facultada à rede privada de ensino a busca de capacitação em órgãos municipais de Educação e Saúde.

Art. 4º As Secretarias Municipais de Educação e de Saúde poderão estabelecer parceria com a rede privada de ensino para a oferta dos cursos de capacitação e treinamento.

Art. 5º As instituições de ensino deverão possuir ao menos um profissional habilitado na área pedagógica para realizar avaliação precoce, elaborar portfólio, fazer o encaminhamento a outros serviços necessários e mediar o processo ensino-aprendizagem, assim como fazer o acompanhamento dos educadores para que estes se tornem capacitados para lidar com as medidas a serem adotadas pela escola.

§ 1º No ato da matrícula, pais e alunos deverão ser entrevistados para que a escola possa fazer a identificação precoce de algum transtorno de aprendizagem.

§ 2º Cada estudante diagnosticado deverá ter um portfólio contendo as entrevistas, laudos médicos, as avaliações psicopedagógicas e relatórios pedagógicos do desenvolvimento durante o ano letivo, que deverá acompanhar obrigatoriamente o educando no decorrer de sua formação.

§ 3º Ocorrendo pedido de transferência, deverá ser anexado à documentação, em papel timbrado, comunicado, com assinatura do diretor da escola ou seu eventual substituto, informando a situação do aluno portador de TDAH, para que a próxima instituição de ensino que o receber dê continuidade ao acompanhamento.

Art. 6º O Poder Executivo regulamentará esta Lei no que couber.

Art. 7º Esta Lei entra em vigor na data de sua publicação.

Manaus, 04 de dezembro de 2017.

ARTHUR VIRGÍLIO DO CARMO RIBEIRO NETO

Prefeito de Manaus

5

CONCLUSÃO

Infelizmente, ainda existe muito preconceito e muitos estereótipos sobre o autismo. É importante desfazer esses mitos e entender que as pessoas com autismo são iguais a qualquer outra pessoa, merecem respeito e oportunidades iguais.

A conscientização sobre o autismo é fundamental para promover a compreensão e a inclusão. Algumas coisas que você pode fazer para apoiar pessoas com autismo incluem:

○ Aprender mais sobre o autismo e compartilhar informações com seus amigos e familiares;

○ Ser tolerante e compreender que as pessoas com autismo podem ter necessidades diferentes;

○ Apoiar programas e serviços que beneficiem e apoiem as pessoas com autismo;

○ Ser um amigo e um aliado de pessoas com autismo e de suas famílias.

Ao apoiar e incluir pessoas com autismo, podemos construir uma comunidade mais inclusiva e acolhedora para todos. Além disso, é importante lembrar que o autismo é uma condição única e variada, e que não há dois indivíduos com autismo igual. Cada pessoa com autismo tem suas próprias habilidades, seus interesses e desafios únicos.

Depois de lermos todas essas histórias, quebram-se paradigmas. O sentimento que nos foi gerado é de ver o outro com mais empatia. O autismo desafia-nos quanto ao conhecimento sobre a natureza humana.

É recusar uma só forma de ver o mundo. É pensar de várias maneiras a compreensão da vida e seus limites. E juntos podemos fazer a diferença na vida dessas pessoas e construir uma sociedade mais inclusiva para todos.